基金投资

入门与进阶指南

李洪宇◎著

人民邮电出版社

北 京

图书在版编目（CIP）数据

基金投资入门与进阶指南 / 李洪宇著. — 北京：
人民邮电出版社，2020.1
ISBN 978-7-115-52193-4

Ⅰ. ①基… Ⅱ. ①李… Ⅲ. ①基金－投资－指南
Ⅳ. ①F830.59-62

中国版本图书馆CIP数据核字(2019)第226941号

内 容 提 要

本书从零基础起步，针对基金投资者在投资过程中可能遇到的各类问题进行全面、细致的讲解，让投资者从一个一无所知的"基金小白"进阶到可以自主操作的基金投资者。

全书共3部分，总计14章。其中第1章至第4章内容归类为第1部分"基础篇"，主要介绍为什么要投资基金、基金相关常识和常用术语，以及如何开立基金账户等。第5章至第12章内容归类为第2部分"进阶篇"，分类介绍当前市场上存在的各种基金的情况、特点以及投资方法，使读者能对基金品种进行自主选择。第13章至第14章内容归类为第3部分"投资篇"，主要介绍在投资过程中应该如何构建基金投资组合，如何通过诸如基金定投等方法实现投资理财的目标。

本书内容通俗易懂，实用性强，特别适合基金入门的投资者阅读、使用，同时也可以满足已经具有一定市场经验的投资者进一步提高其操作能力的迫切要求。

◆ 著　　　　李洪宇
　　责任编辑　郭　媛
　　责任印制　周昇亮

◆ 人民邮电出版社出版发行　　北京市丰台区成寿寺路 11 号
　　邮编　100164　　电子邮件　315@ptpress.com.cn
　　网址　https://www.ptpress.com.cn
　　涿州市殷润文化传播有限公司印刷

◆ 开本：700×1000　1/16
　　印张：14.25　　　　　　　　2020 年 1 月第 1 版
　　字数：239 千字　　　　　　2025 年 9 月河北第 20 次印刷

定价：49.80 元

读者服务热线：**(010)81055296**　印装质量热线：**(010)81055316**
反盗版热线：**(010)81055315**

前　言

　　中国基金业发端于 1998 年 3 月。国泰基金和南方基金作为基金管理业的先行者，经中国证券监督管理委员会批准，在上海和深圳分别成立基金管理公司。1998 年 3 月 23 日，基金金泰、基金开元公开发行，迎来了证券投资基金的元年。

　　同证券市场一样，基金业的发展过程也是从慢到快。为鼓励资本市场发展，国务院在 2019 年年初作出批复，允许合格境外机构投资者，也就是俗称的"QFII"的投资额度再次扩大，由原来的 1 500 亿美元增加到 3 000 亿美元。外资额度的进一步扩大，预示机构投资者已经成为市场的主流，专业投资开始被中小投资者认可。与此同时，伴随经济下行压力持续增大，一些中产阶层对家庭资产保值增值的渴望愈发强烈，基金业重任在肩，需要承担起普及专业投资、机构投资的责任。

　　作为资本市场的参与者，笔者意识到这股历史浪潮的重要性，也有幸能率先转变投资思维与方式，积极参与基金投资。但在这个过程中，笔者也发现，还有许多个人投资者依然延续惯有的思维定式与投资方法，凭借一己之力与市场抗衡，最终被机构投资者"收割"。当然，已经有一部分投资者意识到需要改变，只是他们还没有找到突破的方向。这也是笔者编撰本书的原因，希望通过本书向广大读者普及基金知识，让他们借助专业的投资力量实现自己的财富梦想。

　　为了满足新基金投资者的要求，本书从零起步，向读者介绍基金投资中涉及的基本常识。

为了帮助新老基金投资者，本书分类讲解不同基金的概况、特点以及投资技巧，丰富他们的投资手段，帮助他们寻找适合自己的基金品种。同时，本书力求深入浅出地为读者讲解基金在组合、定投中的操作策略，让投资更加简单。

另外，本书充分整合了当前市场上基金书籍的精华，力争成为基金投资的百科全书。

基金投资目前已经成为一种大众认可的理财方式，它适合更多的投资者参与其中。作为编撰者，笔者希望能在这本书中覆盖基金投资的全部应用。尽管有些不自量力，但这或许也是一次有意义的探索。本书或许让读者知道，只要撕开披在外面的专业投资外衣，基金投资其实很简单，个人投资者完全能做得更好。如果本书能够有幸得到读者的认可，使读者在掩卷之余觉得本书对自己的基金投资有一点帮助，笔者会不甚欣慰。

目 录

第 1 部分　基础篇

基金投资入门与进阶指南

基金投资入门与进阶指南

第 3 部分　投资篇

第 1 部分

基础篇

第1章
基金入门

"理财"这个词汇近几年在大众之中悄然兴起，进而在社会上也形成了一股热潮，让大家在衣食住行、柴米油盐之外意识到，这个时代真的是"你不理财，财不理你"。但理财"小白"的现状也很尴尬：金融知识储备为零，不愿承担过多的风险，却想要手上的余钱保值增值，也希望得到专业的服务。没关系，即使是这样的状况，也会有一种投资方式适合您，那就是基金投资。

1.1 投资前的困惑

据统计，2018 年全国居民消费价格指数，也就是大家常说的"CPI"上涨了 2.1%；同年银行 1 年期存款利率却仅有 1.95%。这一数据表明，老百姓如果存钱，非但不能让资产增值，反而在亏损。很多人仅仅是在抱怨物价上涨得过快，却没有意识到应该找到一种可以抵御资产贬值的方法。实际上，发达国家的民众也曾面对这个问题，他们的解决办法就是购买基金，用基金投资的收益来抵消上涨的物价。

1.1.1 为什么投资基金

为什么要投资基金？保守点说，是为了抵御通货膨胀，避免人们辛苦工作赚回来的资产被一点点侵蚀。乐观地讲，投资基金使得人们的资产能够进一步保值增值，为家庭成员将来在购房、购车、教育、养老、疾病等方面提供充足的资金，不让这些支出降低生活质量。2006 年，国内股市出现一波牛市，让"基金"

这个词汇走进了千家万户，并直接带动了基金业的发展。据不完全统计，国内基金管理公司管理的资金在 2017 年年底合计已经达到 11.41 万亿元，相比 2002 年至 2003 年 1 633 亿元的市场规模，增长接近 70 倍。我国用短短十几年的时间就走过了发达国家几十年的历程，可见基金投资确实是普通百姓在资产保值增值方面的首选。

近 10 年来，基金投资驶入快车道，公募基金管理规模不断扩大。图 1-1 所示是 2006 年至 2015 年公募基金规模的变化情况。

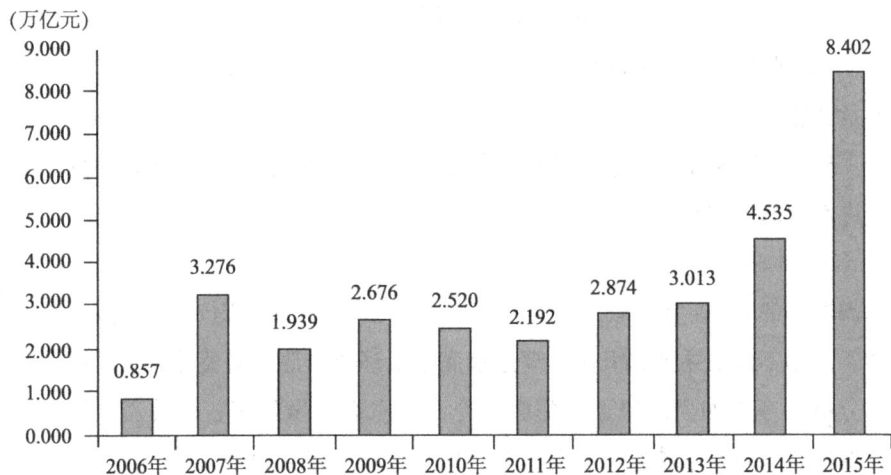

图 1-1　2006—2015 年公募基金规模变化情况

从图 1-1 可以看出，这 10 年公募基金规模呈现出爆炸式增长，表明人们理财意识在增强，同时也逐渐认可专业理财带来的巨大优势。

1.1.2　通货膨胀

通货膨胀通俗地理解就是货币超发，市场上钱多东西少，导致物价在一段时间内持续而普遍地上涨。

通货膨胀给人的直观感受就是"钱不值钱"，生活成本的增加使得百姓实际收入水平下降。此外，通货膨胀也会带来企业成本的上升，侵蚀企业的利润，进而影响全社会的经济运行。引发通货膨胀的原因表面看起来是货币超发，实际还有其他几方面因素。

（1）需求拉动。需求拉动多发生在物资匮乏年代。这一时期，为了提高生活质量，人们有各种物资需求，而市场受限于生产能力，一时间又满足不了这些需求，造成过度资金追逐有限物资，于是发生通货膨胀。

（2）成本推动。商品生产过程中成本是很重要的因素，为了维持必要的利润，一旦企业成本增加，产品价格势必会水涨船高，由此会引发由供给端价格水平上涨带来的供给型通货膨胀。

（3）结构失调。这一点很好理解，即国民经济中的产业结构不合理；有的商品多到卖不出去，有的少到买不到，引发市场局部通货膨胀。

（4）供给不足。因各种原因，供给端生产的商品无法满足社会的需要，引发通货膨胀。

（5）预期不当。因身处通货膨胀之中，人们对社会经济的未来感到更加悲观，进而引起更严重的通货膨胀。

（6）体制因素。

需注意的是，通货膨胀的原因其实很复杂，往往是多种因素综合导致的结果，上述罗列的不过是主要的几种，要想彻底分析通货膨胀，需要综合全面的分析。

分析并考虑如何解决通货膨胀是经济学家需要做的事，对普通百姓来说，知道如何有效应对通货膨胀，不让自己的资产遭受损失已经足够。

1.1.3　用资产增值抵御通货膨胀

通货膨胀意味着货币贬值，这就要求普通百姓在这一时期要转变思维，尽量不要积蓄大量现金，而应尽可能地以其他资产形式使家庭资产保值。

通常而言，个人抵御通货膨胀的手段有以下几种。

（1）持有实物资产。房地产、黄金等都属于实物资产，这些资产的价格一般会因为通货膨胀而水涨船高。但是，实物投资本身也有市场风险，需要投资者具有一定经济基础，同时，投资条件也很苛刻。

（2）对冲通货膨胀。随着人民币日趋国际化，成为国际上认可的流通货币，投资者已经具备通过外汇交易抵御通货膨胀的条件。只是这种方法对投资者要求较高，需要具备很强的专业技能，不大适合普通投资者。

（3）购买信托类产品。目前，信托类产品的收益要远远高于银行利息以及国债收益，可以覆盖通货膨胀带来的资产损失，实现资产保值增值的目的。但是信托类产品一般都是百万元起步，且需要持有较长时间，对于一般家庭而言门槛较高。

（4）基金投资。这是适合绝大多数人的投资渠道。货币超发引发的通货膨胀会带动金融类资产价格的上涨，最明显的例子就是股市，其很容易成为资金的"蓄水池"。对于上班族来说，既不具备专业的投资技能，也没有时间盯盘，此时投资基金就是一个很好的选择。基金从业人员的专业服务可以让自己的资产升值，从而抵御通货膨胀。

1.1.4 基金的投资特点

要想投资基金，就要了解什么是基金。基金有广义与狭义的区分。从广义上理解，基金就是以公开方式为了某种目的而募集的资金。例如，人们每月薪水中扣除的公积金、保险金等，其实都属于广义基金。狭义基金是从会计角度理解的，凡是有特定目的和用途的资金都属于狭义基金。对于证券投资基金，人们希望它募集成功后投入证券市场，以证券价格的上涨带动基金净值的上涨，从而为人们带来一定收益的回报。因此，投资者参与投资的基金就属于狭义基金。

基金这种投资品种具有金融属性，其具有以下特点。

（1）专业化管理。基金经理利用专业知识对行业进行充分了解，通过精心选择投资品种，适时调整原有投资组合，进而把握市场先机，为投资者带来投资回报。

（2）资产多元化分布，分散风险。基金是由众多投资者的资金汇聚而成的，一般资金总额都比较庞大，为规避风险必须进行分散投资。通过结合不同金融工具的特点，建立投资组合等形式，基金管理公司可选择多元化投资渠道来适应市场变化，控制投资风险。

（3）费率优惠。为吸引投资者，基金管理公司普遍会采取费率优惠政策进行营销，同时鼓励投资者长期持有基金。以赎回费为例，投资者持有基金期限越长，费率越小，如果期限足够长，赎回费甚至会为零。

（4）透明度高。按照规定，基金管理公司需要定期披露包括基金单位资产净值在内的基金相关信息，投资者可通过各种渠道及时了解基金运营相关情况，充分享有信息知情权。

（5）流动性。基金的流动性体现在投资者可随时申购（买入）与赎回（卖出）基金产品，成交价是当天收盘后的基金单位资产净值，基金一旦成交，资金会快速到账。

1.1.5　投资基金的优势

投资基金的最大优势在于投资方式相对简单，不需要复杂的专业技能。

首先是专业化投资。任何投资都有风险，基金投资也不例外。但相对而言，基金投资的专业团队更能弥补普通投资者在专业上的欠缺。

其次是稀缺的资质。市场上有些金融产品，如原油产品、一级市场国债等，都暂不对普通个人投资者开放，只有具备专业资质条件的投资者才能投资。基金管理公司就有这样的资质和资金量级，普通个人投资者可以通过投资相应的基金间接投资这些不容易买到的产品。

再次是投资门槛低。本金永远是制约投资的主要因素之一，相比于万元起购的银行理财产品，基金投资门槛很低，只需百元即可。随着互联网金融的蓬勃发展，有的基金已经可以1元起购，这就给资金量少的投资者带来了投资机会，也满足了他们的投资需求。

最后是节约时间成本。现代社会竞争压力很大，职场竞争之余，人们已没有更多精力和时间去关心自己的投资。相对而言，基金是一种省时省力的投资产品，虽然要缴纳少量费用，但对比所节约的时间，其成本可以忽略不计，因此还是很经济的。

1.2　基金投资与其他投资方式的区别

市场上的理财产品和投资渠道很多，尽管基金投资是大众直接、简单的理财手段，但还是有很多人感到困惑：基金投资与其他投资方式相比，究竟有何不同？下面通过对比的方式，看看基金投资与其他投资方式之间的区别。

1.2.1　基金投资与股票投资的区别

市场上常见的投资方式是股票投资。作为宏观经济的"晴雨表"，A股市场规模已经由小变大，在国民经济中的影响力与日俱增，并受到国际资本的关注。股票市场风险较大，"一赚二平七亏"的说法就是股票投资的真实写照，这说明股市不完全适合普通投资者参与。对比基金与股票的金融属性不难发现，二者存在以下几点区别。

- 反映的关系不同。买基金是购买资产，买股票是购买企业。买入股票数量再少，投资者买入后也会成为上市公司的股东；买入基金数量再多，投资者也只能分享基金投资收益，与基金管理公司所有权没有任何关系。
- 资金投资方向不同。股票是直接融资，企业以股份换取市场上的资金反哺企业发展。基金是间接投资，投资方向是有价证券，资金还在市场内停留。
- 风险不同。《证券投资基金运作管理办法》中明确规定基金投资必须要分散持仓，这样可以有效规避单一持仓的风险，相较于股票投资，基金投资的风险要小得多。
- 交易方式不同。股票只能在二级市场交易。根据品种的不同，基金除了可以通过二级市场变现，还可以选择在基金管理公司或是银行柜台随时赎回，方式灵活多样。

1.2.2　基金投资与债券投资的区别

以往债券的发行都是经过严格审核的，就像国债，其实质是以国家的信誉进行担保，因此风险很小。但随着企业发债的规模越来越大，现在的债券已经逐渐丧失了原有的光环。与基金相比，二者的区别也很明显。

- 反映的关系不同。基金类似于一种商业合同，投资者在买入基金的同时，相当于同基金管理公司签订了合同。债券反映的是单纯的借贷关系，类似于投资者将钱存入银行，约定到期一次性还本付息。
- 风险不同。基金持有人可以随时选择变现，债券则必须等到发行期满。

国家担保的国债自然可以放心到期收回本息，但近年来一些地方债、企业债则出现了兑付困难的情况，这就打破了投资者以往对债券无风险的认识，且这种风险完全不可控，这是令投资者感到担心的地方。

- 收益不同。债券一般都事先承诺收益，而基金则不会。正常兑付的债券收益稳定，只是收益率较低。基金的收益受金融市场影响较大，但收益率通常会高于债券，有时还会有超额收益。另外，债券如果提前支取，相当于主动放弃收益，基金则可以根据实际需要随时选择变现。

1.2.3　基金投资与银行理财的区别

银行理财产品近年来日益丰富，成为大众一个很重要的理财渠道，究其原因，还在于人们对国有银行比较信任。此外，银行以往发行的理财产品大都承诺收益，这也让金融知识比较匮乏的普通投资者感到安心。但这一切随着中国人民银行（以下简称"央行"）出台的《商业银行理财业务监督管理办法》发生了转变。现在的银行理财产品大都不承诺收益，这也就意味着原来的零风险已经成为历史。那么基金投资与银行理财产品有何不同呢？

- 门槛不同。普通银行理财产品基本是 50 000 元起步，现在略有降低，但也需要 10 000 元。而基金则不同，100 元就可开户。在互联网金融大潮的冲击下，甚至出现了 1 元就可投资基金的现象。
- 投资品种不一样。为保证本金安全，银行理财产品的资金投向基本上以国债为主，而基金投资品种较为宽泛，股票、债券、货币、黄金等都可以参与。
- 收益不同。息差是银行的主要收益来源，银行理财产品同样如此，这就决定其收益不会很高。基金则是除了扣除必要的运营成本，其余收益可全部用来分红，收益率比较可观。
- 投资期限不同。银行理财产品期限固定，到期才能支取，最短半个月，最长为几年。基金就比较灵活，投资者可根据自己实际情况随时进行申购与赎回。

1.2.4　基金投资与期货投资的区别

在中国证券监督管理委员会（以下简称"证监会"）推出期货业相关政策法规后，期货交易开始逐渐兴盛，期货业又一次迎来蓬勃发展的良机。目前国内一些主流期货品种，如原油、螺纹钢、黄金等在国际市场上都具备一定的定价权，期货交易在一线大城市也开始成为一项投资选择。那么期货投资与基金投资相比有什么不同呢？

- 金融属性不同。期货投资的实质是投资一种合约选择权，可以选择交割，也可以选择不交割。基金投资的实质则是某种契约，如国债。
- 风险收益不同。期货投资是杠杆交易，交纳少许保证金就可进行交易，因此风险与收益均较大。基金投资则是本金交易，具体金额只能购买具体数量的基金份额，风险与收益相对较小。
- 交易手段不同。期货投资是多空的双向交易，有不同方向选择。对于基金投资，证监会有明确规定，只能在同一方向交易，即可以卖出但不能做空，只能进行做多交易。

图 1-2 所示是原油 1812 合约 2018 年 3 月至 11 月的日线图。

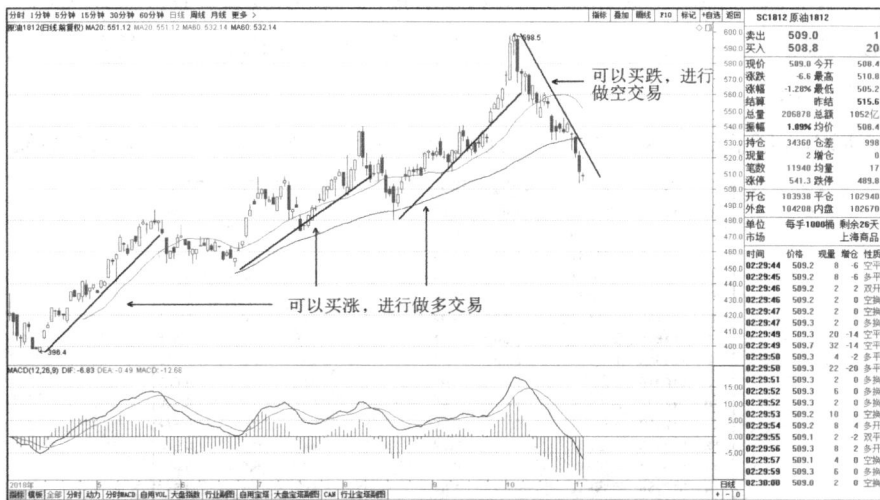

图 1-2　原油 1812 合约 2018 年 3 月至 11 月的日线图

在图 1-2 中原油合约有 3 段明显的涨势和 1 段明显的跌势，图中用线段进行了标注。按照期货交易规则，投资者既可以买进，进行做多交易，也可以卖出，进行做空交易，这都是规则允许的，只要投资者能够看对方向。

1.3 合格"基金投资者"应做的准备

市场上将进行股票投资的投资者称为"股民",将进行基金投资的投资者称为"基金投资者"。当一个普通投资者决心要做基金投资者时,进行适当的准备是必不可少的,也只有这样,才能成为一名合格的基金投资者。

1.3.1 百元就能投资基金

相比股票、期货、银行理财等投资种类对资金的要求,基金的投资门槛其实很低。目前,由于持有公募基金牌照的基金管理公司数量不断增加,基金市场已经是一片"红海",处于充分竞争的市场格局当中。基金投资的门槛随着竞争的加剧呈现出下降的态势,股票型基金、债券型基金、混合型基金、指数型基金的购买起点现在都是 1 000 元,只有极少数基金还保持 5 000 元的门槛。投资者要是选择基金定投,申购的起点现在已经降为 100 元。一些货币型基金的购买起点降得更是不可思议,大部分已经不限制购买额度,少数货币基金甚至出现几元就能购买的现象。这种市场格局有利于普通投资者参与其中,让大家投入很少的资金就能实现理财的愿望,同时也增加了市场资金量与活跃度,是一种双赢。

图 1-3 所示是 2018 年 11 月 2 日收盘后,收盘价最低的 20 只 ETF 基金数据。

	代码	名称	涨速%	换手%	今开	最高	最低	昨收↑
1	512310	500工业	0.00	0.66	0.412	0.425	0.412	0.411
2	159949	创业板50	0.21	16.57	0.480	0.485	0.471	0.459
3	510160	小康ETF	0.00	0.13	0.499	0.511	0.499	0.498
4	512100	1000ETF	0.00	5.19	0.548	0.552	0.536	0.530
5	512330	500信息	0.00	1.27	0.598	0.640	0.595	0.583
6	512400	有色金属	-0.15	3.34	0.612	0.626	0.605	0.603
7	512810	军工行业	0.00	1.81	0.611	0.625	0.611	0.610
8	159953	工业ETF	0.00	0.14	0.654	0.655	0.636	0.625
9	510410	资源ETF	0.00	1.08	0.618	0.630	0.615	0.625
10	512680	军工基金	-0.30	0.68	0.633	0.647	0.633	0.630
11	512580	环保ETF	-0.14	0.65	0.653	0.664	0.650	0.641
12	512660	军工ETF	0.15	5.22	0.652	0.661	0.646	0.642
13	159944	全指材料	-1.64	0.04	0.658	0.668	0.650	0.650
14	512980	传媒ETF	-0.14	1.05	0.670	0.685	0.670	0.657
15	159945	全指能源	0.00	0.31	0.659	0.668	0.651	0.658
16	512340	500原料	0.00	0.45	0.675	0.692	0.675	0.669
17	159951	中关村A	0.00	0.12	0.685	0.700	0.646	0.670
18	512780	京津冀基	0.00	1.12	0.696	0.700	0.691	0.682
19	512560	中证军工	0.00	0.90	0.702	0.715	0.698	0.694
20	159955	创业板E	0.14	3.90	0.715	0.733	0.706	0.698

图 1-3 ETF 基金收盘数据

观察图 1-3 中右侧的收盘价，收盘价最低的一只基金是"500 工业"，仅为 0.411 元。这种基金其实与二级市场上的股票没什么两样。根据交易规则，每一次股票交易的最低数额必须为 1 手，就是 100 股，换算成金额不过是 41.1 元，加上手续费也超不过 50 元。"创业板 50"则是一只不折不扣的跟踪创业板指数的指数基金，其收盘价也不过 0.459 元，投资者只需 50 元就可以买到一个指数，这恐怕是投资者自己都想象不到的。

1.3.2　投入与收益比

投资的首要问题就是考虑投入与收益的比例关系。很显然，如果投入的本金太少，即便收益率很高，绝对收益也不会很多，因为这是本金所决定的。如果投入本金过多，潜在的收益固然可以增加不少，但风险也会同时增加，一旦市场转向，本金也会遭受损失。世上没有只赚不赔的生意，投资也不例外，因此，如何协调投入与收益的比例，是基金投资者首先要面对的问题。

这个问题没有最终答案，下面只能根据过往的一些经验为投资者提供几点建议，以便在做投资决策时参考。

首先，确保投入的资金一定是家中的闲散资金，那种拿孩子的教育经费、老人的养老资金搏一把的做法是绝不可取的。一般而言，如果家中有固定收益的银行存款，那么这部分资金的 1/3 可以用来投资。假设一名投资者税后月收入为 8 000 元，可以用 1/10 的资金进行固定投资，这样比较稳妥，即使基金价格出现波动，投资者的生活质量也不会受到影响。

其次，要考虑投资者的年龄因素。如果是年轻人，由于有未来的收入作保障，投资规模可以大一些，适当承担风险有助于获取较大的收益。如果是年纪较大的投资者，未来收入预期不强，那么就要降低投资比例，将风险防范放在首要的位置。

投资是一个需要量力而行并做好长远规划的事情，一切以投资者自身的经济实力和风险厌恶程度作为基础。掌握好这个原则，投资就不是一件难事。

1.3.3　智商与财商

金融投资是一种高智商的游戏，有一个聪明的头脑是基金投资者首先要具备的条件。当然，这里说的智商不是单纯的智力，主要是想说明，作为基金投资者一定要有金融方面的知识储备。普通投资者不可能成为投资专家，但对于不同基金产品之间的差别、风险收益的特征、募集资金的投向等知识还是要掌握的，这就是所说的"智商"。

财商指的是投资者要具备理财意识。我们经常看到某些人除了银行存款之外，对其他理财方式向来是嗤之以鼻的。当同等的时间期限换来不同的投资收益时，不同投资者之间的财商差距就会逐渐显露出来。有句古话叫"聚沙成塔"，一点一滴地慢慢汇聚，终究会带来财富的质变，这就是财商的作用，最终它会影响一个人的人生财富。

1.3.4 理性与恒心

理性投资是值得提倡的，因为实践证明，冲动下做出的投资决策往往比较危险。投资中，投资品种不同，预期收益自然不同，如购买了风险相对较低的货币基金，就不能期望它会带来 10% 以上的投资回报。因此，理性看待一时的涨跌，不让市场波动影响投资的心情，这是成熟基金投资者应该具备的心理素质。

1.4 常见错误心理

人的内心是很复杂的，而投资活动就好像一个放大镜，能把人的心理活动成倍地放大。在投资过程中，诸如贪婪与恐惧等一些看起来很正常的心理活动往往会影响基金投资者的基本判断，进而影响到最终的投资结果。因此，要想成为一个合格的基金投资者，需要努力克服这些常见的错误投资心理，争取做得更好。

1.4.1 盲从与投机心理

人是具有社会属性的群居动物，盲从往往是投资者遇到的第一个心理问题。盲从的主要表现就是人云亦云，没有自己的想法，只愿意与大家一同行动。盲从是投资活动中普遍存在的一种现象，又叫"羊群效应"。市场本身是一个博弈的场所，因为有交易成本的存在，因此只能是少数人赚钱，大多数人的投资行动注定是错误的，所以盲从心理在投资活动中很危险。正确的投资做法应该是坚持自主思考与决策，根据自己的实际情况确定合适的收益率并为此承担相应的风险。然后，选到适合自己的基金品种，做到不随波逐流，通过长期坚持来完成自己的投资计划。

投机是另一种常见的错误投资心理。有的投资者很关心自己投资品种的涨跌，妄图以高频的高抛低吸操作，抓住市场每一次波动的机会，从而实现快速积累财富的目的。这种投机心理其实是基金投资者的大忌，因为基金投资是一种分散投资的策略，净值变动不取决于单一市场的改变，其本身不具备投机性。投资者反复操作非但不能为其带来任何收益，相反，高频操作产生的交易费用还会逐渐侵蚀投资者的本金，因此，基金投资者一定要克服投机的心理。

1.4.2　搏杀与观望心理

资本市场变化无常，那些倾其所有、满仓搏杀的投资模式注定是失败的。基金投资者一定要知道，基金投资是理财的工具而不是暴富的手段，投资者可以通过正确投资让资产保值增值，但一夜翻倍的可能在这里几乎没有。实践证明，搏杀型的投资者往往会血本无归，这将严重影响家庭生活的日常开支。投资者一定要放弃搏杀心理，回归正常的投资模式，通过时间的累积实现财富梦想。

观望其实就是犹豫，这是人们面对市场风险而产生的一种自我保护意识。投资者应该借鉴巴菲特的成功经验，做到"人们贪婪的时候我恐惧，人们恐惧的时候我贪婪"。但现实往往是：当需要贪婪的时候，投资者却难以下定决心，即便投资策略早已拟定，事到临头还是会举棋不定，顾虑重重，一旦行情好转又往往追悔莫及，懊恼不已。投资要坚决果断，三思是可以的，但最后一定要决断，过于瞻前顾后最终会影响投资收益。

1.4.3　固执与贪婪心理

有的投资者理财意识很强，很早就开始参与投资活动，经过一段时间的磨砺后就形成了固定的投资风格，对自己的能力也非常自信。自信是好事情，但过分自信就是固执，以致不能继续进步与提高。过于自信的投资者高估了自己的投资水平与认知能力，殊不知市场也是与时俱进的，过往行之有效的手段与经验不见得适应现在的市场，以不变应万变的策略注定会被市场淘汰，所以谦虚谨慎是投资者始终应该牢记的准则。

贪婪更是投资者的大忌。市场有时会出现意想不到的行情，但那毕竟不是常态，因此，当投资者的收益已经达到理想状态时一定要懂得适可而止。要知道巨大的亏损往往是贪念造成的，克服那种"有了还想再有、得到还嫌不够"的贪婪心理，是基金投资者应该学习的必修课。

1.4.4　急躁与恐慌心理

资本市场有句谚语，叫"财不入急门"，是说投资时切忌急躁。每个人都想赚钱，但那种买了就涨，而且是大涨的想法却不能有。基金投资本身就是一个缓慢积累财富的过程，需要一定的时间与耐心，如果投资者急于赚钱，那投资基金本身就是一个错误。投资者对基金行情只需适时关注就好，平时大可云淡风轻地享受生活，或许会发现，看得轻才会带来意想不到的回报。

恐慌、焦虑是心理承受能力差的表现。面对行情的下跌，有的投资者表现得非常痛苦，惶惶不可终日。其实资本市场的波动就如同大海的潮汐，潮涨潮落是很自然的事情，完全没有必要让暂时的困难影响心情。投资者可以分享2006年和2007年牛市的喜悦，自然也要承担2018年熊市的痛楚，这本来就是事物的一体两面；要相信越过沙丘，自然就能看见绿洲。投资是生活的一部分而不是全部，保持豁达的心态，远离恐慌，自然就能轻装前行。

1.5　目标设定

基金投资是一种理财手段，既然参与其中，当然要为自己的投资设定一个合理的目标，如此方能"不忘初心"。这个目标设置为多少比较合适呢？根据过往的经验，如果能做到以下3点，基金投资者的投资就算成功。

1.5.1 跑赢银行利息收益

银行是让百姓感到最安全、最放心的金融机构。直到现在，将钱存在银行还是绝大多数人的首选。那么银行的收益究竟如何呢？我们看下自 2015 年 10 月 24 日至 2019 年初本书成书时，金融机构人民币存款基准利率情况。

笔者统计了国有商业银行以及知名的股份制商业银行，同时还选择了一家外资银行作为参照对象，将观察重点放在 1 年期存款利率上面，具体数据如图 1-4 所示。

银行名称	利率	银行名称	利率	银行名称	利率
中国银行	1.95	农业银行	1.95	工商银行	1.95
建设银行	2.1	交通银行	1.95	邮储银行	2.25
招商银行	1.75	浦发银行	1.95	华夏银行	1.95
中信银行	1.95	兴业银行	1.95	民生银行	1.95
光大银行	2.1	平安银行	1.95	广发银行	1.95
南京银行	1.98	北京银行	1.95	上海银行	1.95
天津银行	1.95	盛京银行	1.98	花旗银行	1.75

图 1-4 银行 1 年期存款利率

从图 1-4 中可以看到，自央行下调存款基准利率后，各大银行，包括几大国有商业银行，也就是俗称的"工农中建交"，其基准利率大都在 1.95%，也就是 10 000 元存 1 年定期，每年的利息收入是 195 元。个别银行利率稍高，但招商银行和花旗银行例外，其利率比基准利率还低，主要是这两家银行的客户以高净值人群为主，不太在意普通储户的息差收入。

总体来看，银行利息收益很低，从理财的角度讲，把钱存在银行不是一个明智的选择。

1.5.2 超越通货膨胀率

通货膨胀率是国际上通用的反映通货膨胀水平的指标。通货膨胀率越高，意味着货币贬值越严重，购买力越不足。

通货膨胀率也叫物价变化率，就是用超发的货币量比上实际需要的货币量，其比值的大小可以反映货币贬值的程度。经济学上，通货膨胀率可以衡量物价平均水平的上升幅度（以通货膨胀为准）。

通货膨胀率很好理解，假设有人民币 100 元，以 5% 的通货膨胀率考量，意味着这 100 元只能买价值 95 元的东西。如果将钱存入银行，按现有银行存款利率水平，这 100 元人民币存银行一年，利息只有 1.95 元。银行存款利息 1.95元与因通货膨胀贬值价值 5 元相差 3.15 元。也就是说，将钱存入银行非但不会让财富增值，反而会让财富在无形之中遭受损失，所谓"存得越多，损失越大"说的就是这个道理，这也是人们不再愿意将钱存银行的真正原因。

图 1-5 所示是央行公布的 2017 年各月的通货膨胀率的具体数据。

时间	通货膨胀率
1 月	2.50%
2 月	0.80%
3 月	0.90%
4 月	1.20%
5 月	1.50%
6 月	1.50%
7 月	1.40%
8 月	1.80%
9 月	1.60%
10 月	1.90%
11 月	1.70%
12 月	1.80%

图 1-5　2017 年各月的通货膨胀率

通货膨胀率怎么计算？目前经常采用的是以消费者价格指数（CIP）作为计算因子，其计算公式为：通货膨胀率（物价上涨率）＝（现期物价水平－基期物价水平）÷基期物价水平。需要注意的是，通货膨胀率不是价格指数，而是价格指数的上升率。2017 年上半年，我国通货膨胀率为 3.7%，专家预测全年大概在 6.4%。要想资产不贬值，就必须做到投资收益率大于通货膨胀率，那么2017 年基金行业的平均收益率是多少呢？笔者也将基金业 2017 年的数据做了统计。

图 1-6 所示是 2017 年基金业收益率的具体数据。

基金投资入门与进阶指南

基金分类	平均收益率
基金总指数涨幅	6.69%
股票型基金	17%
指数型基金	13.14%
偏股型基金	14.91%

图 1-6　2017 年基金业收益率

通过上述数据可以看到，基金的平均收益率全部超越当年通货膨胀率 6.4%，说明专业理财很有优势。

1.5.3 跨越市场平均收益

前面的数据表明，投资基金可以实现前两个基本目标，即跑赢银行利息收益、超越通货膨胀率。可以这样讲，完成这两个目标，资产已经实现了保值增值，接下来就是最艰难的一个目标，那就是跨越市场平均收益。

想要做到这一点，除了坚持长期投资以外，最重要的就是要在众多的基金品种中精选优质基金，让它为实现财富梦想助力。

图 1-7 所示是 2017 年正收益前 10 名基金的具体数据。

基金代码	基金简称	基金类型	净值涨跌幅 (%)
110022	易方达消费行业	普通股票型基金	31.99
1550050	南方新兴消费进取	普通股票型基金	29.1
169101	东方红睿丰混合	灵活配置型基金	27.46
169105	东方红睿华沪港深混合	灵活配置型基金	27.29
002803	东方红沪港深混合	灵活配置型基金	26.5
110011	易方达中小盘混合	偏股混合型基金	26.36
000970	东方红睿元混合	灵活配置型基金	26.03
001112	东方红中国优势混合	灵活配置型基金	25.02
169103	东方红睿轩三年定开混合	灵活配置型基金	24.63
001281	长安鑫利优选混合 A	灵活配置型基金	24.29

图 1-7　2017 年正收益前 10 名基金

从图 1-7 中可以看到,这些基金的收益远远跨越了市场平均收益,可以说,它们就是基金业中的明星,如果投资者能够选中这些基金,那么实现前面提到的 3 个目标是完全可以做到的。

或许有的投资者会问,挑选这些基金一定很有难度吧?难度自然会有,但不是完全做不到,只要依着本书继续读下去,相信一定可以做到。

第 2 章
基金常识

投资自然离不开相关机构，也只有通过相关机构的服务，投资者的投资目标才能够实现。与从业人员交流前，新基金投资者需要了解一些基金常识。

2.1 基金相关知识

与基金相关的机构与人员很多，只是人们对这个群体平时不太关注而已。既然已经决定投资，那就一起走近这一群体吧。

2.1.1 基金管理公司

何谓基金管理公司？通俗的说法是在国家法律框架下，对各类基金活动进行管理的公司。

我国对设立基金管理公司的要求与审核很严格，对私募基金这一块则更加严苛，其目的是避免变相"非法集资"。为了承担监管市场的责任，相关部门制定了《中华人民共和国证券投资基金法》（以下简称《证券投资基金法》），对基金管理公司的各个方面都进行了详细的规范，旨在真正保护投资者的合法权益。可以这样理解，只要是在正规的基金管理公司参与基金投资的投资者，其权益都是受国家法律保护的。

中国证券投资基金业协会（以下简称"基金业协会"）曾做过统计，我国现有基金管理公司数量已经十分庞大，截至 2018 年上半年已经达到 141 家。买基金当然要选择一家信誉良好、业绩优秀的基金管理公司，只是面对这么多的选择，新基金投资者难以决定，为此本书提供以下几方面参考意见。

1. 要看基金管理公司的业绩表现。基金管理公司的历史业绩很重要，它能让投资者了解这家公司过往是否为投资者赚过钱。如果一家基金管理公司过往业绩不错，投资管理制度较为完善，决策程序较为规范，那么它的投资决策就相对比较严谨，这样的公司值得考虑。

2. 要有一个优秀的投资团队。现在的基金管理公司管理的资金规模都很庞大，那种个人主管的时代已经过去，如今一只基金需要由不同岗位的关键人员所组成的团队进行操作，如此才能确保公司投资流程得以贯彻与执行，这一点比投资本身更重要。

3. 对基金管理公司的形象、信誉以及服务质量进行权衡。一家真正有实力的基金管理公司一定会注重上述三点的表现，因为它能从侧面反映公司的形象。有良好的口碑，投资者才会认同公司旗下的基金产品，所以，那些形象佳、信誉好、服务上乘的基金管理公司会受到投资者的青睐。

4. 对基金管理公司的投资风格与专长进行了解。不同的投资者会有不同的风险偏好，而不同的基金产品也会有不同的市场投向。投资者一定要挑选符合自己投资理念的基金产品，这样更容易接受市场的波动，从而更好地进行投资。

笔者整理了一份优秀基金管理公司排行榜，该榜单重点考察了基金管理公司资产管理规模以及业绩收益情况，旨在帮助读者更好地选择优秀的基金管理公司。

图 2-1 所示是 2018 年排名前 10 名的优秀基金管理公司名单。

名次	基金公司	管理规模≑（亿元）	成立时间≑	旗下经理 经理数≑	旗下经理 明星经理	综合评分≑	基金数≑	旗下基金 明星基金
1	天弘基金	12155.34	2004-11-08	20		8.3	80	天弘深证成份指数LOF
2	易方达	7165.81	2001-04-17	48		8.73	271	基金科讯
3	博时基金	6128.56	1998-07-13	52		5.64	266	基金裕华
4	建信基金	6100.43	2005-09-19	32		6.78	159	建信创新中国混合
5	南方基金	6038.37	1998-03-06	50		6.06	301	基金隆元
6	工银瑞信	5630.70	2005-06-21	46		6.93	201	工银金融地产混合
7	华夏基金	5024.74	1998-04-09	51		8.33	250	基金兴安
8	广发基金	4904.65	2003-08-05	45		7.67	287	广发鑫隆混合A
9	汇添富	4869.98	2005-02-03	39		7.73	209	汇添富中证全指证券公司C
10	嘉实基金	4683.97	1999-03-25	59		5.01	210	嘉实保本

图 2-1　2018 年排名前 10 名的优秀基金管理公司名单

这些基金管理公司业务覆盖范围很广，旗下产品基本囊括了读者所需的所有投资品种，投资者可自行选择。

基金投资入门与进阶指南

2.1.2 基金经理

所谓"投资基金，主要看基金经理"，基金经理能力的强弱直接决定了投资者的收益。当前市场上有许多金牌基金经理，他们负责基金的具体投资，有一定的品牌效应。基金经理如同一只基金的灵魂，能吸引大批资金追随，最有名的例子就是王亚伟当年执掌的"华夏大盘精选基金"。

普通投资者选择基金经理时，除了关注该基金经理过往的光环之外，还应该从以下两方面考虑。

第一个方面是基金经理的择股能力。所谓择股能力是指基金经理挑选股票的能力。这里包含两个要素：一是找到一只好股，然后提前进场布局；第二个方面是在这只股票身上获得最大收益并安全离场。

巴菲特进行投资的主要特征就是长期稳定持股。王亚伟也有这样的实例，其对恒生电子的投资就非常经典。作为金融行业软件龙头之一，恒生电子2006年业绩差强人意，当时股价仅为七八元，王亚伟发现该股处在低估状态，于是潜伏进去并一路持有，等到2007年4月行情转好时，该股股价已经攀升到二十几元。

个股选得好，基金的业绩自然也会好。那么怎样找到这样的基金经理呢？业内一般是借用Fama-French三因子模型，该模型是按照一定的公式计算出来的，因为过于专业，不适合普通投资者。这里笔者推荐使用第二种方法，就是"土方法"，其好处是不需要做研究，只需要对自己感兴趣的基金进行分析判断就好。这样做的目的，就是由此识别出业绩好的基金中哪些是短期运气好，以便规避买入后就下跌的风险。具体说来有以下5个步骤。

- 尽量舍弃成立时间在5年以内的股票型基金、混合型基金，最低不能短于3年。
- 有的基金期间更换过基金经理，这样的基金应该舍弃。理由很简单，每个基金经理的投资风格不同，掌管的基金风格自然不同，期间更换过基金经理的基金不好把握。
- 基金管理公司公布旗下基金当期季报时会同时公布排名前十的重仓股，关注这个信息，并整理出连续5年的季报重仓股。
- 对重仓股在季报中出现的频率进行统计并排序，然后根据排名找出前

3 名股票。

■ 通过证券软件查看找出的 3 只股票的涨幅，如果在基金持有期内涨幅较高，可以认定该基金经理择股能力很强。需要注意的是，在软件上做价格比较的时候，一定要将数据调整到"前复权"状态。

持续持有股票会导致基金换手率偏低，这是很正常的现象。换手率高、业绩不错的基金也有，但想要做到这一点，需要基金经理不断地发现好股票才行，这对基金经理的择股能力有更高的要求。只是如此一来，基金经理出现失误的概率也较高，如何选择还看投资者自己的决定。

第二个方面是基金经理的时机把握能力。它指的是基金经理在股票、债券和现金之间何时进行资金转移，就是通常所说的不同市场间轮换的问题。能力较强的基金经理，通常会做到在股票大涨之前加仓、在大跌之前减仓，然后将更多资金切换到债券市场或持有现金，以此规避风险。如此一来，资金的投资效率自然就更高，回报也更好。只是对时机把握能力强的基金经理很不好找，投资者在这方面也要降低预期，因为判断股市高低点历来都很难，何况一只资金量很大的基金呢。如果基金经理能够以个股的内在价值和市场价格做综合判断，将估值过高的股票卖掉，尽可能规避潜在的风险，笔者认为这已经是一个优秀的基金经理了。如此看来，基金经理只要能做到在股票获利后及时退出，就可以说该基金经理的时机把握能力已经非常优秀了。

2.1.3 基金规模

所谓基金规模，就是指某只基金管理着多少资金。别小看基金规模，这可是选择基金的一个重要指标。就像"福布斯"富豪排行榜，没有人在意富豪是做什么的，在意的是他有多少钱。基金规模起到的就是这个作用，它反映的是基金管理公司在行业中的地位，以及投资者对这家基金管理公司的信任度。只有那些管理规范、信誉良好、服务优异，并能给投资者带来回报的基金管理公司才能得到投资者的青睐。口碑相传之下，大家才会愿意购买该基金管理公司的产品。

首先，基金规模对基金管理费的影响。基金运营是有成本的，这部分成本自然由基金投资者来承担。假设基金管理费率和运营成本是恒定的，一只 50 亿元规模的基金和一只5亿元规模的基金在管理费上自然不同,体现在运营成本上,前者分摊的比例自然会小于后者,这就是基金管理规模大的优势。

其次,基金规模对基金流动性的影响。根据要求,基金在投资中要按照一定比例预留部分现金,用来应对投资者的赎回。同样的比例,当然是规模越大现金留存得就越多。如果这部分资金可满足投资者基金份额赎回的要求,则对基金本身的操作不会带来任何影响。相反,如果基金规模过小,留存现金不多,一旦发生大规模赎回事件,基金管理公司就只能采取卖股票的方式换回现金。基金的抛售其实就是砸盘,势必会让股价大幅下跌,到最后损失还是由基金投资者来承担。

最后,基金规模对基金分散投资的影响。如果基金有较大的规模,基金经理可以采取不同的投资策略,用不同市场间的投资品种来平滑和对冲单一市场的风险。如果基金规模过小,基金经理则只能进行单一投资,股市一旦发生风险,则难以规避基金净值的下跌风险。

图2-2所示是截至2018年上半年管理基金规模排名前10名的基金管理公司名单。

序号	基金公司	2018Q2规模（亿元）	2018Q1规模（亿元）	排名变化（较上期）
1	易方达基金	2849.52	3007.31	0
2	中银基金	2700.15	2689.45	0
3	广发基金	2369.59	2333.53	1
4	汇添富基金	2223.77	2159.42	3
5	华夏基金	2178.28	2394.56	-2
6	嘉实基金	2095.36	2333.09	-1
7	博时基金	2004.72	2190.29	-1
8	南方基金	1815.69	1978.55	0
9	招商基金	1617.90	1580.90	0
10	建信基金	1449.78	1464.79	0

图2-2　2018年上半年管理基金规模排名前10名的基金管理公司名单

当然,不是说基金的规模越大就越好,投资者在购买基金时还要根据基金的不同种类以及特点来进行选择。例如,对于追求稳定收益的投资者来说,其购买基金的方向应该是货币型基金或者债券型基金,这类基金的规模则是越大越好,因为它可以集中投资。对于追求资本增值最大化的投资者来说,则可以选择规模适中的偏股型基金或者混合型基金,规模过大的基金由于要进行分散投资,反而会影响最终的收益率。如果是追求稳定收益的投资者,则规模过大和过小的基金都要进行回避。基金规模过小，资金规模优势体现不出来；基金规模过大，虽然抗风险能力强，但船大也难掉头，无论是管理还是运作都很困难。根据普遍的经验，20 亿 ~ 80 亿的基金规模比较适合投资者参与。

2.1.4 代销机构

代销是金融机构的一项正常投资业务。基金代销全称为"开放式基金代销业务"，就是第三方机构在与基金管理人签订书面代销协议后，利用自己的金融平台或网点，代理基金管理人销售基金并提供配套服务的行为。

传统的第三方机构，指的是银行、证券公司等，随着互联网金融的发展，一些网络平台现在也可称为第三方机构。需要注意的是，第三方机构代替基金管理公司销售基金产品时并不会只与一家公司签约，而是会同时代销多家公司的基金产品，这样便于投资者进行品种上的选择。需要提醒读者的是，第三方机构想要承担代销业务，需要拿到"基金代销牌照"。

基金管理公司发行基金产品之所以需要这些代销机构，是因为基金管理公司本身营业场所不足，而这恰好是这些代销机构的优势所在，二者可以形成互补。另外，基金管理公司出于控制成本的考虑，尽可能把重心放在投资运营而不是营业网点建设上。由于这些第三方机构本身就是金融机构，它们代销的基金产品越多，投资者的选择余地就会越大。出于竞争的需要，基金代销业务也呈现出费率优惠、支付便捷、服务多样、安全可靠等诸多特点，在间接促进基金管理公司差异化竞争的同时，也为整个基金行业的发展增添了活力。据统计，截止到 2018 年年底，我国有基金代销牌照的基金销售机构共有 123 家，其中商业银行（包括国有银行以及中信银行、广发银行、深圳发展银行、招商银行等股份制银行）59 家，这当中全国性商业银行 17 家、城市商业银行 30 家、农村商业银行 12 家，总共占比达到 48%，处于行业领先地位。剩余的 52% 市场份额，由 59 家证券公司、1 家证券投资咨询机构和 4 家单独基金销售机构（第三方基金销售机构）分享。

图 2-3 所示提供了单独的 4 家基金销售机构名单，便于大家了解。

有了这些代销机构，投资者任何关于基金的问题都可以到相关营业网点咨询，这为投资者购买基金产品提供了方便。

序号	机构名称	核准时间
1	诺亚正行（上海）基金销售投资顾问有限公司	2012年2月
2	深圳众禄基金销售有限公司	2012年2月
3	上海天天基金销售有限公司	2012年2月
4	上海好买基金销售有限公司	2012年2月

图2-3　4家单独基金销售机构名单

2.1.5　托管银行

托管银行，顾名思义，就是基金管理公司要在银行开立账户，将发行基金募集来的资金存放在对应的银行账户上，由银行代为保管基金资产。资金由第三方托管的方式是国际上通用的做法，目的就是确保资金绝对安全，不会被基金管理公司或者资产管理机构非法挪用，这也是一种资产安全管理的有效手段。

在《证券投资基金托管资格管理办法》中，对基金托管银行有明确的要求，即"最近3个会计年度的年末净资产不低于20亿元人民币，资本充足率符合监管部门的有关规定"等条件，应该说门槛还是很高的。对照这一标准，目前国内国有商业银行、股份制商业银行和部分规模较大的城市商业银行都符合要求，这说明我国的基金托管银行资产质量还是很高的。对于基金投资者来说这也是一件好事：一是资金安全有保障；二是商业银行网点众多，分布在城市的大街小巷，基金投资者办理业务以及资金结算都很方便。此外，为保护资金的安全，该办法还规定，目前只有国内的中资银行有资格成为基金托管银行，外资银行暂不在范围之内，因此，基金投资者的资金也没有流向境外的危险，投资者可以放心。

基金托管业务在商业银行业务分类中属于中间业务，这也是银行一项重要的收益来源，因此对促进基金托管业务的竞争、拓宽基金销售渠道方面也起到了很好的效果，正日益呈现出广阔的发展前景。随着人们理财意识的提高，普通百姓已经不满足于购买到好的产品，开始追求享受好的服务，这对于金融机构来说也是一次服务升级的机会，逼迫托管银行要苦练"内功"，提高服务质量，增强自己的竞争力，毕竟购买基金的资金随时会转换成银行的存款。

2.2　基金评级

随着基金市场规模的不断扩大以及基金产品种类的不断增加，投资者已经不可能深入了解市场的全部。因此，迫切需要有一个专业的第三方机构，对市场上的基金产品做出一份客观公正的评价，投资者可据此做出投资决定，这就是基金评级制度产生的背景。基金评级制度是一种衍生制度，它是基金市场发展到一定阶段的必然产物，不仅能促进资本市场健康稳定发展，还能促进基金管理公司之间的公平竞争，同时也是监管机构做好有效监管的重要辅助手段。

2.2.1　基金评级常识

所谓基金评级，就是基金评级机构在搜集相关信息的基础上，通过某种分析手段，以排序的形式对市场上的基金产品进行收益和风险的排名，让投资者了解自己投资某种基金后可能承担的风险，以及可能获取的预期回报。当然，这种评级也是依据某一种标准来进行的。

基金业作为金融产业中的一个子行业，其发展的速度很快。在自身发展的同时，基金业迫切需要外部的监督，更需要某种激励手段促进全行业的有序竞争，进而在一定程度上对行业起到引导作用。基金评级制度的产生，满足了基金业的需求，在有效消除行业信息不透明的弊端之外，还可以提高投资者辨别基金产品的能力，进而保护广大投资者的合法权益。从这一点来说，基金评级制度对基金业具有很重要的意义，主要表现在以下方面。

- 基金评级结果对投资者而言是重要的投资参考指标。
- 基金评级结果对基金经理可以产生一定的约束和激励作用。
- 根据基金评级结果，基金经理可以对基金产品做出某种策略调整。
- 监管机构可以根据基金评级结果，对基金市场进行有效监管。
- 基金评级结果可以促进基金市场健康发展。

有了基金评级制度，自然就诞生了相关评级机构，其中晨星资讯（深圳）有限公司（以下简称"晨星"）、标普信用评级（中国）有限公司（以下简称"标普"）和理柏分析服务亚洲有限公司（以下简称"理柏"）3家公司在基金评级方面都经历了长期的探索和实践，并取得了较高的成就。3家公司的共同特点都是将基金分为基金产品、基金经理和基金管理公司3个模块，从定量、定性两个层面进行分析，并获得了全球基金评级业界的一致认同。晨星和理柏很早就来到中国，现在更是积极开拓市场，如今在各大财经媒体上都能看到他们对基金的评级。

基金评级目前也受到相关机构的重视，并取得了显著的进步，其中的佼佼者如济安金信评级、天相评级、银河证券评级等已经成为这个领域的翘楚。

如果从发售募集方式是否公开的角度来看，基金其实只有两类，即公募基金和私募基金，而基金评级机构也主要从这两方面展开。

2.2.2　公募基金评级

公募基金，指的是向社会公众公开募集资金，然后投向证券市场的投资基金。公募基金受到法律的严格监管，其运作程序有一整套行业规范，并且在信息披露、利润分配等方面都有明确的规定。

对于公募基金，晨星评级算是最权威的基金评级体系了，其有着一整套的评价指标。下面通过晨星评级来了解一下整个公募基金的评级是如何产生的。

晨星1984年在美国创立，2003年2月晨星中国总部在深圳设立，其官方网站名称为"晨星网"。晨星首次推出基金评级的时间是在1985年，基金评级一经推出，大受投资者的欢迎，因为投资者可以借助基金评级的结果，更加简便地分析每只基金在同类基金中的过往业绩表现。随着业务的迅猛发展，晨星的基金评价体系也愈发完善，公司于1992年创立了"基金投资风格箱"，以成长、价值、混合3种类型将基金细分，每种类型再配以大盘、中盘、小盘3种规模，形成矩阵搭配，共分成9个类别。1996年，晨星进一步创新业务，在原有矩阵基础上又引入"分类星级"评价方法，对基金类型进一步细分。几年之后，晨星再出创举，启用了新的星级评价方法。这一次是引进了市净率、市盈率等反映基金价值的指标，发展出更为完善的指标分类，明确了基金的成长和价值的界限，旨在通过基金历史指标和预期指标的变化，分析判断基金未来的成长潜力。

晨星评级具体内容如下。

（1）评级对象。只有上市交易2年或2年以上的开放式基金才会被纳入评级范围，但这里面不包括货币型基金和保本型基金。

（2）评级步骤。①对基金进行分类；②衡量基金的收益；③计算基金的风险调整后收益；④根据风险调整后收益指标，将不同类别的基金划分为5个星级，最后分别进行评级。

（3）更新频率。评级每月进行一次，月初公布上月评级结果。考虑到不同基金上市交易的时间有长有短，晨星对基金评级的时间跨度很大，有2年评级，有3年评级，还有5年评级和10年评级。但是由于国内开放式基金历史相对较短，目前暂无10年评级。

（4）晨星基金分类。在晨星基金分类体系中，同一类型的基金之间的差异其实不是很大，之所以同类基金收益不同，主要还是与基金经理个人的投资管理能力有关，诸如选股、选时以及资产配置权重等因素都会决定基金的最终收益。从这个角度看，晨星评级与其说是评选基金，不如说是在评选基金经理。

（5）晨星评价方法：定量＋定性。

定量方法，是考察基金截至当月末的过去3年的回报率，然后计算风险，调整收益，将回报率与风险进行综合考虑后，采用四舍五入的方法，取各基金风险调整后的收益按大小进行排序，最后做出星级评定。排名前10%的基金认定为5星，其后22.5%的基金被认定为4星，占据中间35%份额的基金被评定为3星，随后的22.5%被评定为2星，最后10%被评定为1星。

图2-4所示是从晨星官网上查询到的，截至2018年9月30日晨星对全部基金的评级结果，本书只截取了其中的前10名作为示例。

	代码	基金名称	基金分类	▼晨星评级(三年)	晨星评级(五年)	净值日期	单位净值(元)	净值日变动(元)
1	161725	招商中证白酒指数分级	股票型基金	★★★★★	☆☆☆☆☆	2018-11-16	0.8697	-0.0001
2	160222	国泰国证食品饮料行业指数分级	股票型基金	★★★★★	☆☆☆☆☆	2018-11-16	1.0601	0.0026
3	159928	汇添富中证主要消费ETF	股票型基金	★★★★★	★★★★★	2018-11-16	1.8135	0.0058
4	000248	汇添富中证主要消费ETF联接	股票型基金	★★★★★	☆☆☆☆☆	2018-11-16	1.2367	0.0037
5	160632	鹏华中证酒指数分级	股票型基金	★★★★★	☆☆☆☆☆	2018-11-16	1.0470	0.0020
6	159916	建信深证基本面60ETF	股票型基金	★★★★★	★★★★★	2018-11-16	3.1261	0.0276
7	512600	嘉实中证主要消费ETF	股票型基金	★★★★★	☆☆☆☆☆	2018-11-16	1.8118	0.0061
8	160716	嘉实中证锐联基本面50指数(LOF)A	股票型基金	★★★★★	★★★★★	2018-11-16	1.4325	0.0019
9	165312	建信央视财经50指数分级	股票型基金	★★★★★	★★★★☆	2018-11-16	0.7890	0.0042
10	530015	建信深证基本面60ETF联接A	股票型基金	★★★★★	★★★★★	2018-11-16	1.6380	0.0137

图2-4 晨星评级前10名基金名单

国内基金评级机构采用的基金评级方法与晨星大体相同，只是在个别选择条件或是权重分配上添加了自己的设置；其对基金评级的表现方式也与晨星差不多，要么采用5星评级，要么采用等级评级。目前这些机构也都开通了各自的官方网站，感兴趣的读者可以登录这些网站，查询相关基金评级信息。

图2-5所示是从天相投资顾问有限公司（以下简称"天相投顾"）官网上查询到的，截至2018年9月30日天相投顾对全部基金的评级结果，本书同样只截取了其中的前10名作为示例。

天相投顾基金评级结果

开放式基金季度绩效评级　　数据截至日期：2018-09-30 ▼　查询

基金代码	基金名称	基金公司	风险调整后收益	投资管理能力		总分	等级
			Stutzer指数	C.L.指标	M.C.V.指标		
519697	交银行业	交银施罗德基金	99.43	72.54	94.89	94.71	A A A A A
450009	国富小盘	国海富兰克林基金	88.27	88.89	100.00	90.12	A A A A A
080005	长盛量化红利策略混合	长盛基金	89.53	86.97	95.79	90.08	A A A A A
519091	新华泛资源	新华基金	89.40	81.10	99.87	89.73	A A A A A
570005	诺德成长优势混合	诺德基金	89.21	87.23	91.57	89.27	A A A A A
450002	国富弹性市值混合	国海富兰克林基金	85.19	85.44	99.49	87.37	A A A A A
519069	汇添富价值精选混合A	汇添富基金	95.85	35.38	99.36	87.31	A A A A A
519069	汇添富价值精选混合A	汇添富基金管理股份有限公司	95.85	35.38	99.36	87.31	A A A A A
519700	交银主题	交银施罗德基金	88.51	69.09	99.11	87.18	A A A A A
320011	诺安中小盘精选混合	诺安基金	90.68	59.90	94.64	86.65	A A A A A

图2-5　天相投顾评级前10名基金名单

有一点要提醒读者，基金评级结果只是一个参考，同样是基金评级机构，因为评级体系不同，每一家的评级结果也不尽相同。

图2-6所示是北京济安金信科技有限公司（以下简称"济安金信"）公布的，截至2018年9月30日对全部基金的评级结果，本书依然截取了其中的前10名作为示例。

对比图2-5和图2-6可以看到，同样是评级机构，济安金信的评级结果与天相投顾的评级结果就大相径庭。

对于投资者而言，可以将评级结果中排名靠前的基金作为候选基金，这样至少能保证这些基金是操作规范、历史业绩优秀的好基金，即使暂时有困难，但以长期投资的眼光来看，这些基金还是值得信赖的。

代码	简称	相关链接	基金经理	基金公司	3年期评级		单位净值	日期	日增长率	近1年涨幅	近3年涨幅	近5年涨幅	手续费	操作
					3年评级	较上期								
110022	易方达消费行业	估算图 基金吧 档案	董榕	易方达基金	★★★★★	--	1.8360	11-16	0.38%	-20.69%	43.33%	94.70%	0.15%	购买
040025	华安科技动力混合	估算图 基金吧 档案	谢振东	华安基金	★★★★★	↑★	2.6670	11-16	0.49%	-15.21%	15.32%	151.04%	0.15%	购买
040011	华安核心优选混合	估算图 基金吧 档案	盛骅	华安基金	★★★★★	↑★	1.4555	11-16	0.64%	-4.31%	20.79%	115.12%	0.15%	购买
040008	华安策略优选混合	估算图 基金吧 档案	杨明	华安基金	★★★★★	--	1.4276	11-16	0.15%	-14.60%	23.11%	129.81%	0.15%	购买
020005	国泰金马稳健	估算图 基金吧 档案	李恒	国泰基金	★★★★★	--	0.8070	11-16	0.00%	-22.19%	9.01%	35.35%	0.15%	购买
002031	华夏磐鑫精选	估算图 基金吧 档案	林晶	华夏基金	★★★★★	↑★	3.0770	11-16	0.13%	-13.40%	7.29%	62.29%	0.15%	购买
020001	国泰金鹰增长混合	估算图 基金吧 档案	副性镗	国泰基金	★★★★★	--	0.8408	11-16	0.00%	-20.65%	6.67%	89.79%	0.15%	购买
001845	国寿安保稳恒混合A	估算图 基金吧 档案	吴闻	国寿安保基金	★★★★★	--	1.1030	11-16	0.27%	2.51%	9.75%		0.08%	购买
001773	招商丰counts混合A	估算图 基金吧 档案	姚爽	招商基金	★★★★★	--	1.3400	11-16	0.00%	-1.40%	24.77%		0.15%	购买
001772	南方消费活力	估算图 基金吧 档案	蔡秋洁	南方基金	★★★★★	--	1.2290	11-16	0.00%	-7.11%	12.14%		0.15%	购买

图2-6　济安金信评级前10名基金名单

2.2.3　私募基金评级

所谓私募基金，指的是向特定投资者募集资金，然后投向证券市场的基金。私募基金的特点是发行方式不公开，仅在小范围内宣传，其投资理念与公募基金相比有较大差别，在运营机制以及风险承担上也与公募基金不同。

1. 投资目标不一样。公募基金一般都有业绩比较基准，超越这个基准，争取行业内好的排名是公募基金追求的目标。私募基金则不同，其设立的目的就是要求获得收益甚至是超额收益，其他的都不在考虑范围之内，因此，投资者承担的风险也较高。

2. 两者的业绩激励机制不一样。公募基金依靠基金管理费维持运营，甚至基金管理收益也来源于此；至于基金本身盈亏，与基金管理公司收益关系不大。私募基金则不同，一切成本需要私募基金管理者支付，获取收益的前提是管理的基金产品净值要实现正收益。如果基金净值亏损，所有成本损失由私募基金管理者承担。也正因如此，私募基金按业绩提取的利润比例也较高，一般行业规则是提取净利润的20%作为报酬。作为公众产品，公募基金在操作中会受到监管机构严格的监督，包括持股比例、投资比例等都有严格流程把关以及政策上的限制，这样做是为了确保广大投资者的利益。私募基金则不同，一句话概括就是"法无明令禁止，即为可行"。只要不违法，怎么做都可以。近些年，私募基金无论是规模还是数量都增长较快，尽管其间鱼龙混杂，但整体而言也

　基金投资入门与进阶指南

带动私募基金评级业务迅猛发展起来。

目前，市场上开展私募基金评级业务的机构主要分为 3 类：第一类是以国泰君安证券、海通证券为代表的券商评级机构；第二类是私募基金第三方评级机构，如前面提到的晨星、济安金信，以及私募排排网研究中心和好买基金网等；第三类是媒体自创的私募评级系统。第三类机构影响力不大，目前市场上的私募基金评级机构以前两类为主。

图 2-7 所示是济安金信公布的，截至 2018 年 9 月 30 日对私募基金的评级结果，本书截取了其中的前 10 名作为示例。

私募基金评级列表						
评级日期：2018-09-30	请输入基金代码/名称					
序号	基金简称	济安评级	盈利能力	抗风险能力	选股择时能力	
1	证大稳健	★★★★★	★★★★★	★★★	★★	
2	景林丰收	★★★★★	★★★★★	★★★★	★★★★★	
3	博颐精选	★★★★★	★★★★	★★★★	★★★★★	
4	金中和西鼎	★★★★★	★★★★★	★★★★	★★★★★	
5	重阳1期	★★★★★	★★★★	★★★★	★★★★★	
6	奕金安一期	★★★★★	★★★★★	★★★★★	★★★	
7	奕金安2期	★★★★★	★★★★★	★★★★	★★★★	
8	德丰华1期	★★★★★	★★★★★	★★★★	★★★★	
9	长金7号	★★★★★	★★★★★	★★★★	★★★	
10	执耳医药	★★★★★	★★★★★	★★★★	★★★	

图 2-7　济安金信私募评级前 10 名基金名单

私募基金募集的对象主要是高净值人群，投资门槛很高，证监会为此有明确规定，"私募基金的投资者初始金额不能低于 100 万元"。如此一来，能够参与私募基金的投资者一般人数不会太多。私募基金如果有收益，想必十分丰厚，但与此对应的，就是风险也会急剧放大，真正体现高风险高回报的投资特点。按组织形式分类，私募基金可分为公司式私募基金、契约式私募基金、组合式私募基金、有限合伙制私募基金、信托制私募基金等类型，它们各有优缺点。由于是向特定人士进行资金募集，私募基金的运营方式也较为灵活，选择哪一种取决于投资者的喜好。

对于普通投资者来说，私募基金离生活还比较遥远，作为一种常识了解就好。当然，如果您已经是高净值人士，想在原有财富基础上添砖加瓦，那不妨仔细研究一下。

2.3　基金种类

当投资者确定以投资基金的方式来开启自己的财富人生时，面对的第一个问题就是基金种类的选择。由于投资者投资理念与风险承受能力不尽相同，加之市场上基金种类很多，所以选对基金很关键。下面就看看，根据不同的标准，有哪些基金类型可供投资者选择。

2.3.1　按募集途径分类

基金的募集途径有两种，一是公开募集，二是不公开募集，由此可将基金分为公募基金和私募基金。参与公募基金的途径很多，如证券交易所、银行柜台等，随着互联网金融的兴起，投资者还可以通过基金网络平台参与基金的买卖。公募基金的平台是非常开放的，投资门槛也比较低，可以这样说，绝大部分投资者参与基金投资的途径都是以公募基金的形式进行的。

私募基金前面提到过，其募集对象是特定投资者，也包括一些机构。私募基金源自美国，国内起初对其并没有太多的认识，但随着中小企业板面世，一些企业创始人开始通过资本市场成为创富人群，私募基金行业才随之真正发展起来。但私募基金毕竟是小众市场，加之其商业模式不是着眼于追求规模从而赚取管理费，而是为了追求绝对的投资回报，因此，其规模普遍偏小，上亿元的私募基金还十分罕见。

2.3.2　按组织形式分类

组织形式，就是基金存在的方式。基金按组织形式分类，可分为公司型基金和契约型基金。所谓公司型基金，类似于投资者合伙开一家以盈利为目的的股份制投资公司，投资者购买基金的资金，就是对公司的出资，一旦公司产生收益，会按照当初的投资比例进行分配。有一点需要注意，公司型基金不直接参与市场交易，而是与第三方基金管理公司签订委托协议，让其以专业财务顾问或管理人的身份代为管理和经营基金资产。契约型基金也叫信托型基金，是目前市场上的主流品种，当前投资者投资的基金大部分是契约型基金。在契约型基金中，投资者只是通过购买基金份额享有基金投资收益，与基金所有权没有任何关系。

契约型基金的特征，就是基金产品从发行到运营的所有程序都与投资者无关。基金产品由基金管理公司发行，资金的托管由银行负责，基金的业务往来由代销机构负责，基金的操作和日常管理由基金经理负责。通过这个流程可以发现，基金投资者与基金管理公司只是签订一份投资契约，形成单纯的投资关系，没有任何的从属关系。契约型基金对基金管理公司和投资者来说是松散的合作关系，这种关系对基金投资者来说有以下几点好处。

- 可以分散投资。除了股票市场，基金无疑是另一个可直接参与的市场。对投资者而言，基金投资可以让自己实现分散投资，做到"两条腿走路"。
- 可以获得专业协助。投资基金是一种借力的投资方式，相对于个人投资者，无论是基金管理公司的人力资源，还是基金经理的专业投资经验，其实都是个人投资者的短板，而基金投资可以弥补这个短板。
- 减少风险。基金的稳健投资可以平滑其他投资的波动，减少整体投资的风险。
- 节省手续费和时间。基金是一揽子投资组合，购买基金相当于购买了市场上大部分的投资品种，如此可减少购买单一投资品种的时间与手续费。
- 流动性强。投资者可根据个人实际需要随时出售基金份额，满足个人现金需求。

2.3.3 按投资标的分类

投资标的就是投资对象，通俗讲就是基金募集的资金具体要投向哪里。目前市场上的基金以风险系数为基准，大体分为7种，因此只要了解基金的属性，就可以知道资金的投资方向。

1. 货币型基金

毫无疑问，这类基金的资金投向一定是货币市场，具体指短期国债、回购和银行票据等货币产品。

2. 保本型基金

这类基金很受投资者欢迎，因为它是保本的，至少本金不会有风险。但这个保本其实是有前提的，就是在基金约定的期限内，如 3 年或 5 年，在投资者不卖出的前提下，这个基金是保本的。如果投资者没有等到投资期结束就提前卖出，是否保本要看基金合约的具体条款。所以，投资者购买这类基金一定要仔细阅读基金募集计划书。

3. 债券型基金

按照规定，这种基金需要将资金的 80% 投向债券市场，具体包括国债、金融债、公司债等品种。剩余的 20% 资金可以做一些其他方向的投资，如投向股市或者货币市场等。如果只投资债券，称为纯债型基金；如果还有其他投资方向，这种基金又称偏债型基金。稳健是债券型基金的特点，只要投资者持有一定期限，债券型基金基本不会亏钱，但因为债券价格本身也有波动，也不意味着债券型基金就稳赚不赔。

4. 混合型基金

顾名思义，混合型基金就是任何投资产品都可以参与，如股票、债券、货币基金等品种。"进可攻，退可守"是混合型基金的特点：股市好，可以买股票博收益；股市不好，就去买货币基金或债券基金来规避风险，因此它也很受欢迎。

5. 指数型基金

这种基金不投具体的股票，而是将某一个设定的指数作为投资标的。当然，指数也是经过精心选择的，像沪深 300 指数就是目前最受指数基金青睐的指数，投资它的指数基金数量也是最多的。如果指数基金完全跟随指数波动——指数涨则基金盈利，指数跌则基金亏损，这类指数基金称为被动式指数基金。如果一只基金加入基金经理个人的投资意见，这类指数基金称为增强型指数基金。

6. 股票型基金

该类基金对股票仓位有限制，仓位最低不能低于 80%。这种基金的特点是风险较大，当然利润也较高。如果是牛市可以满仓操作，利润丰厚。要是熊市来临，因为有仓位限制，只能被动下跌，风险很难控制。

7. QDII 基金

这类基金又叫"海外基金"，因为其投资标的不是国内资产，而是全球资本。QDII 基金给国内投资者参与全球资本市场的投资创造了通道和机会，但不确定性也很多，毕竟外部市场的风险有时候不是我们所能预料到的。此外，本土投资机构投资经历还不长，参与国际资本市场竞争的经验也比较欠缺，考虑到汇率波动因素，该类基金风险很高。

2.3.4 按运作方式分类

运作方式指的是基金在投资过程中是否全程开放。基金按运作方式分类，可分为封闭式基金和开放式基金。

封闭式基金指的是基金份额有固定期限合同，在合同期限之内投资者不可以向发行机构赎回基金份额。在此期间，若投资者有使用资金的需要，可以通过二级市场交易的形式选择退出。现在市场上很难看到封闭式基金的身影了，因为大部分封闭式基金合约期限已经到期：有的清盘退出市场，有的转为开放式基金，换一种方式继续存在。对于已经到期的封闭式基金，也有第三种选择，即延长合同期限，只是这种方式很少有基金采用。

开放式基金很好理解，其特点是基金规模不固定，可随时根据市场供求情况扩大或缩小基金份额。开放式基金还有一个特点就是不上市交易，投资者想要参与，可通过基金管理公司以直销方式购买，也可以通过基金代销机构购买，还可以通过基金管理公司网站在网上进行申购和赎回。开放式基金之所以会成为市场主流，主要在于其资金规模收放自如，开放程度也较高，适合规模较大的金融市场。我国金融市场日益成熟并与国际接轨，管理机构也乐于看到开放式基金的稳步发展，所以今后开放式基金将是基金的主流品种。

上述提到的是市场上常见的划分基金手段。除此之外，还有一些其他的划分手段，如可以按概念将基金划分为量化基金、主题基金等，只是这些划分方法仅适用于特定人群的投资需求，并没有成为市场主流，因此这里也不做过多介绍。关于基金的具体选择，投资者可以根据自身条件、资金水平、抗风险能力、投资期限等进行综合评估，由此确定自己到底该选择哪种类型的基金。

第3章
基金常用术语

对于新基金投资者而言，彼此之间的交流是一个很好的相互学习的机会。交流自然离不开基金的一些专业术语，如果专业水平太差，交流起来恐怕也有障碍，因此听懂对方的话是开展交流的前提。

3.1　持仓术语

持仓术语，是投资者在交易中常用的语言。

3.1.1　建仓与补仓

建仓这个术语比较宽泛，在各个金融市场都可以广泛应用，如期货市场、黄金市场、股票市场等也有建仓的说法。

建仓其实有2层含义，第1层是指基金管理公司这类专业机构的操作，第2层是指普通投资者的买入行为。

基金管理公司建仓是指一只新基金在发行结束之后会有一段封闭期，基金经理利用这个时间段用资金购买股票或债券等投资对象的行为。个人投资者的建仓，就是在账户没有基金份额的情况下申购基金的行为。

新基金一旦开始建仓，一般都有一个建仓期，普遍是1～3个月。这期间，新基金会在募集期结束后进行验资，验资结束之后基金合同才算正式成立。此外，基金在建仓期会暂时封闭1～3个月，这段时间基金管理公司是不接受投资者赎回基金份额申请的，这期间被称为基金的封闭期。之所以设计这种制度，主要是为了保证基金经理建仓时不被外界因素打扰，以便完成初步的投资计划。

补仓中的"补"，其实就是二次买入的操作，这意味着投资者原有的基金净值已经下跌到让其亏损的程度，需要在相对低位再次买入，以此来摊平原有的过高的基金成本。补仓唯一的作用就是降低原有的持有成本，好处是不用等到基金净值上升到原来的高价位就可实现保本离场的目的。由此可见，投资者之所以会进行补仓操作，就是期望后面有反弹，可以用补仓赚取的利润弥补原有基金份额的损失。补仓操作看起来简单，实际也蕴含着风险，不同类型的基金补仓策略不尽相同。笔者根据各类型基金的特点，整理了一份基金补仓策略，供读者参考。

图 3-1 所示是不同类型基金补仓的策略。

基金类型	特点	补仓策略
股票型 / 混合型 /QDII	受股市影响大、波动大、风险高	择时补仓、择优补仓
债券型	收益相对稳定	择时补仓、择优补仓
指数型	跟踪指数，对指数进行复制	择时补仓、择优补仓、定投
保本型	保证基金避险期内本金的安全	开放期内补仓、避险期内持有
货币型 / 理财型	收益相对稳定，投资更灵活	随时补仓、定投

图 3-1　基金补仓的策略

3.1.2　持仓与加码

所谓持仓，就是投资者买入基金份额后一直持有不动的过程。

持仓分为被动持仓和主动持仓两种情况，每一种情况又可以进一步细分。被动持仓是指投资者意愿与持仓行为不符，但迫于某种情况不得不继续持有基金份额。产生被动持仓的原因，一是投资者申购的新基金还处在封闭期，按照约定不能展开赎回操作，只能被动持仓等待；二是基金价格短期内发生下跌，尽管基金净值已跌破投资者心理预期，但为了不造成实质上的亏损，只得继续持有基金份额。主动持仓则是指投资者认可基金当前净值价格，并对后市价格有更高的期望，愿意继续持有的过程。

无论是被动持仓还是主动持仓，主要因素在于基金当前价格以及投资者持有基金的成本。如果基金净值在成本之上，投资者处在获利状态，心态自然淡定从容；如果基金净值在成本之下，投资者处在亏损状态，心态自然焦虑急躁，这是所有投资者在投资过程中终将面临的一个问题。

加码是指在原有基金份额净值不断上涨的基础上，为了进一步扩大利润，再次买入基金的过程。这个很好理解，在涨幅恒定的情况下，效益与规模一定成正比。假设一名投资者账户里原有 1 000 份基金份额，成本是 1 元，当基金净值涨到 1.1 元时，涨幅为 10%，该投资者获利 100 元。如果投资者当初买入 10 000 份基金份额，现在获利就是 1 000 元。投资者正是基于对基金后市有良好的上涨预期，才愿意继续投入资金扩大基金份额。因此，读者也可以将加码理解为对原有基金进行二次买入的过程。

加码与补仓看起来很像，都是对基金份额的二次买入，但其实背后的操作机理不一样。加码是在原有基金份额处在获利状态下的二次买入行为，目的是扩大绝对收益。补仓则是在原有基金份额处在亏损状态下的二次买入行为，目的是降低原有基金份额的持仓成本，利于后市快速解套。由此可见，辨识二者的关键在于二次购买前原有基金份额处在什么样的状态。

3.1.3　满仓与半仓

满仓其实很好理解，就是投资者将账户内全部资金都用于基金份额申购的行为。满仓的行为不限于资金量，不管是资金上亿的大账户，还是资金不多的小账户，只要是一次购买就都属于满仓行为。

投资者之所以会进行满仓操作，主要是对投资品种的后市抱有强烈的上涨预期。满仓操作最大的优点，就在于投资者如果判断和选择正确，投资品种后市表现与当初预期相符，投资者会实现利润的最大化。满仓操作的缺点就是优点的反面，即如果投资者判断失误或选择不当，投资品种后市表现与当初预期相悖，投资者的账户会有较大的亏损，其后的操作会很被动，投资者将会承受很大的心理和精神压力。

由此可见，满仓操作对投资者的技能要求较高，为了防范未知的风险，笔者建议读者在任何情况下都不要进行满仓操作。

半仓指的是申购基金份额时，投资者只动用账户内一半资金进行操作的行为。例如，一个投资者账户内有 10 万元资金，但动用 5 万元资金进行基金的申购或交易，这种行为就是半仓操作。依此类推，如果是用 70% 的资金进行交易就是 7 成仓位。很明显，半仓操作是把降低风险放在投资的首位，这也是半仓操作最大的好处。半仓操作的另一个好处是投资者可随时保持战术上的主动：行情上涨时可以通过加码扩大战果；行情下跌时可以通过补仓摊低成本。当然，凡事都是一体两面，优点的反面就是缺点。选择半仓操作固然有二次交易的机会，但资金的使用效率也会打些折扣，有些利润会在操作中丧失掉。不管如何，相比满仓操作而言，半仓操作仍不失为一种稳健与实用的投资方法，建议新基金投资者最开始操作时还是以半仓操作为好。

3.1.4　空仓与平仓

关于空仓可以有 2 种理解：第 1 种指的是投资者将账户内所有基金份额全部抛售的行为，此时账户仅有现金而无基金份额；第 2 种指的是投资者因为各种原因，完全没有任何申购或交易基金份额的行为。

空仓是一种暂时休息的交易状态，仅仅反映投资者在某一时段对市场整体行情的判断，而不代表投资者放弃投资。适时的空仓是有好处的，因为金融市场的波动总是有起有落，暂时空仓一方面可以保住胜利果实，另一方面也可以给投资者冷静分析和思考的时间，让投资者心态更加平和，减轻长时间投资带来的心理压力，为下一阶段的投资做好充足的准备。

平仓的概念来源于期货，后被引入到其他市场。需要注意的是，读者要将平仓与空仓区分开来，因为二者有相似之处。简单说，空仓是一种结果，即账户内没有基金份额；而平仓是一种操作，并且包含两方面的操作过程，即可以先买入再卖出，或者先卖出再买入。例如，一位投资者看好某只基金，但账户内并无资金可用，于是他在当天卖出账户内原有的一只基金，然后用取得的资金买入另外一只基金。假设买卖的基金净值相同，总体来看，投资者账户内资金总额未变，但基金持有组合却发生了改变。卖出基金属于一种主动做空的平仓操作，买入基金则属于一种做多的平仓操作。不管哪一种操作，目的都是一致的，即赚取差价收益。能够做到看准有利行情及时平仓，对实现差价收益或避免行情逆转时造成损失是至关重要的，这也是一位成熟投资者应具有的素质。

3.2 操作术语

账户中基金份额的数量，仅代表基金投资者的当前状态，以及他未来可能采取的策略，而操作则是投资者直接交易的表现。

3.2.1 做多与做空

做多，是指投资者看好后市，愿意以当下说法的基金净值买入基金份额的行为。

严格意义上讲，基金是没有做多这个说法的，这里的做多仅限于投资者本身的操作。做多是一种买入行为，就像股票投资者买入股票一样，一定是经过分析与判断，看好股票后市才会采取这种操作。同样道理，一位投资者看好一只基金，愿意在当前基金净值价位用自己账户内的资金进行基金的申购，也是因为他看好基金的后市而采取的一种操作行为。基金市场有很多基金，如指数类基金，其实也是在二级市场连续竞价交易的，其表现出的特点与股票没有本质上的区别，所以把股票投资中的操作行为移植到基金上面，就是基金的做多。

理解了基金投资过程中的做多操作，那么做空操作自然就很容易理解。所谓做空，是指投资者认为基金后市会下跌，提前赎回基金以锁定利润或避免更大损失的操作行为。需要说明一点，股票型基金产品本身是没有做空一说的，因为按照基金相关规定，股票型基金的最低持股仓位是不能低于 60% 的，这样规定一方面是为了保证收益的需要，另一方面也是为了稳定证券市场。

3.2.2 逼空与踏空

逼空与踏空原本是期货市场的专业术语，是为了形象说明期货市场行情走势的迅猛与快速，造成多头或者空头来不及对当前行情进行快速反应，进而被迫采取的一种操作行为。一般情况而言，由于基金是分散持仓，不大可能会发生逼空与踏空的情况，但由于我国的金融市场还很不成熟，对场外的一些因素又较为敏感，有的时候也会发生极端行为。特别是股票型基金，其投资主体本就受证券市场影响,一旦证券市场发生极端行情,势必会带动基金发生跟随现象,也就造成了基金的逼空与踏空。

所谓逼空,指的是基金净值在短时间内不断升高,让一些原本希望在基金净值下跌时再买入的投资者一直没有好的机会进场,最终不得不在高位买入的过程。

图 3-2 所示是证券 ETF(512880)2018 年 8 月至 12 月的日线图。

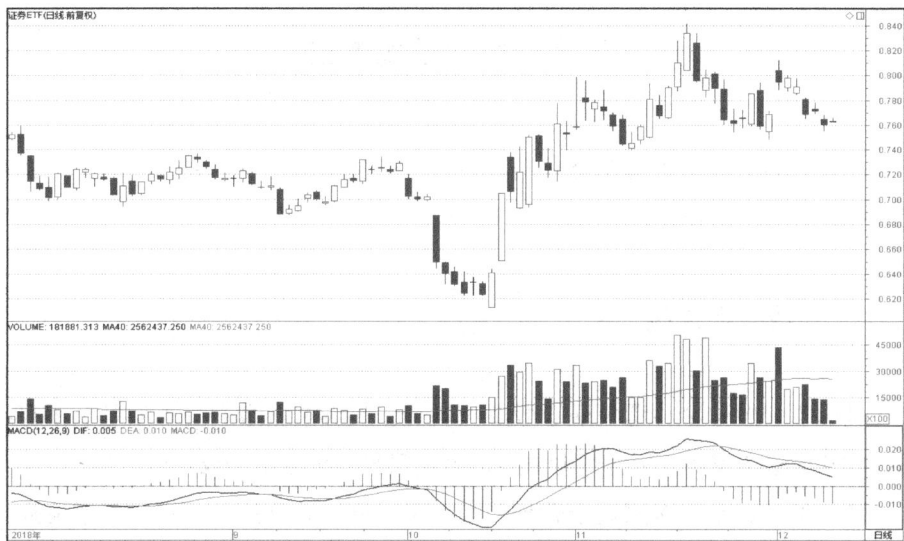

图 3-2　证券 ETF 日线图

ETF 又叫交易型开放式指数基金,证券 ETF 就是综合反映证券行业价格走势的指数基金。从图 3-2 中可以看到,该基金在 2018 年 10 月中旬发起一波迅猛的上涨行情,主要是由股市上证券类股票集体上涨带动的。这波行情十分迅速,短短一个月时间基金就有了 35% 左右的涨幅,很多投资者还来不及反应,这就是典型的逼空操作手法。

所谓踏空,指的是基金净值一直处于有投资意愿的投资者心理价位之上,造成他们无法接受现有价格,只能处在空仓等待状态,以致错失行情的过程。

踏空与逼空是如影随形的,只有产生了逼空的行情,才会发生踏空的行为。踏空不仅仅存在于基金投资者中,就连基金经理也时常发生踏空行为。当然基金的踏空不是说没有持仓,而是说基金的仓位处在相对的低位,由于股票数量不足,未能充分分享股市上涨带来的收益,基金净值增长缓慢,投资回报自然就不及预期。市场竞争是激烈甚至惨烈的，不管基金过往业绩如何优秀，如果短期达不到投资者回报需求，他们就会"用脚投票"，这就为基金后续规模的扩展带来不可估量的影响。相比较而言，基金投资者踏空最多是赚不到钱，但基金经理踏空却会让市场对基金声誉产生怀疑，进而对掌控基金的基金经理产生怀疑，质疑其专业能力，这对于一只基金而言是致命的。

3.3　其他基金术语

投资者想要通过投资基金获利，还是要回到基金本身上来，毕竟别人的意见不能代替自己的判断。

3.3.1　基金重仓股

基金重仓股这个称谓仅限于股票型基金，债券型基金和货币型基金不存在基金重仓股这个说法，因为这些基金的资金只投向债券市场或货币市场。

某只股票如果被多家基金管理公司一致看好，并且持有量占该股票流通市值 20% 以上，这类股票可以被定义为基金重仓股。还有另外一种说法，即在某只基金投资的众多股票中，占基金本身份额最大的那只股票被称为基金重仓股。相比较而言，前一种基金重仓股的说法更符合市场实情。

基金重仓股的作用就是可以借此真正了解一个基金经理的投资风格，因为基金经理的投资业绩最终都要依靠他重仓持有的股票体现出来。投资者可以不管基金经理怎么说，但要看他怎么做；想要了解基金经理的基本情况，看他买什么样的股票是个很好的途径。

如何看待基金重仓股呢？有几个关键点需要注意。

首先，通过基金持有何种类型的股票来判断基金投资风格。如果重仓股大都是中小板或创业板股票，说明基金投资风格偏向成长型；如果重仓股多属于中大盘绩优蓝筹股，说明基金投资风格偏向价值型。了解基金投资风格，对不同投资者选择具体的基金品种很有帮助。例如，一个年轻、积极进取的投资者，如果想通过投资基金实现自己后半生的人生规划，当然适合选择那种波动比较大的，但能带来超额收益的投资中小盘股票的基金；反之，一名中老年投资者，已经事业有成，他只想让自己的资产保值增值，适合他的投资自然就是那种稳健的绩优蓝筹股的基金。

其次，要看基金对重仓股的持股集中度如何。一般的经验是，如果前10名重仓股占基金总资产的比例在35% ~ 50%，说明该基金的投资较为均匀分散，风险控制比较合理。如果前10名重仓股占基金总资产的比例超过60%，说明掌控基金的基金经理比较激进，风险控制不到位。激进的投资风格是一把双刃剑，市场行情好固然可以让投资者赚得多，但市场行情转坏也会让投资者产生巨大的亏损。这种实例在市场上曾经出现过，证明了这种过于集中的投资方式并不可取。

最后，要看基金重仓股是否是问题股。买入基金前，投资者最好查看一下该基金过往重仓股的历史，看是否出过问题，以此来判断该基金是否值得投资。基金经理也是普通人，偶尔看不准很正常，但如果一只基金频繁买进弄虚作假的上市公司股票，说明该基金经理的风险控制能力值得商榷，投资者没有必要用自己的真金白银去为基金经理的错误买单。

除了以上3点，投资者还可以通过基金重仓股来弄清一只基金到底是做什么的。如果一只标榜"消费类"的基金，其重仓股中连一只消费类股票都没有，谁会相信这只基金的基金经理会真的重视投资者利益呢？

3.3.2 基金开放日

基金开放日很好理解，它是指可以为投资者办理各类基金业务的工作日。因为基金的买卖必须在开放日的交易时间内进行，此时，开放日也就是沪深交易所的交易日，时间为当天的9：00 ~ 15：00。

原则上，投资者在任一工作日都可以办理基金业务，为什么还要单独提出基金开放日这个说法呢？原因很简单，因为有的基金会因为某种特殊原因在某一时段暂停对投资者开放，如在基金的封闭期，一切基金业务都会暂停。基金的封闭有两方面原因：一是新基金发行完毕后要进入市场操作，如果资金此时出现波动会影响基金正常运行，给基金建仓带来不利影响。为保证基金的正常运行，基金管理公司此时会停止一切基金业务，让基金进入封闭运行状态，给基金经理一段充裕的时间进行基金运作。另一个原因适用于老基金。如果一只基金过往业绩优异，给投资者带来了丰厚回报，在良好口碑的影响下，会有许多新的投资者愿意申购该基金，这就会造成基金规模的突然扩大。基金规模扩大的好处是可以直接降低基金管理费率，但劣势是运营起来不会像以往那样灵活。为保护投资者权益，基金管理公司此时就有可能在某一时段暂停基金的申购、转换等业务，以控制基金规模的扩大。必要时，基金管理公司也有可能采取暂停赎回的措施。这期间的工作日，基金同样处于封闭状态，等到这些状况结束，才会解除基金的限制。

新基金的封闭期一般都在 3 个月左右。如果是老基金发生封闭，基金管理公司需要以公告形式通知投资者，大家多留意即可。基金结束封闭后，一切业务就会恢复正常。

3.3.3　基金拆分

股市上有这样一种现象，每到半年报或年报公布期间，总有一些上市公司会以送红股的方式将未分配利润分配给投资者，这就是股票的送红股。基金的拆分实质上与股票送红股类似。基金被拆分后投资者已实现的收益和未实现的资本利得，包括实收资金等都不会发生改变。

什么叫基金拆分？基金拆分就是在保证投资者账户资产总值不变的前提下，基金管理公司改变其原有基金份额净值和基金总份额的对应关系，然后对基金资产进行重新计算的一种方式。假设一位投资者账户内有基金净值为 2 元的基金份额 10 万份，其基金资产总计就是 20 万元。如果按 1∶4 的比例进行拆分，则基金净值降到 0.5 元，但基金份额增加为原来的 4 倍，变成 40 万份，基金总资产其实还是 20 万元。既然基金拆分不过是"左手换右手"的手段，基金管理公司为什么还要对基金进行拆分呢？官方的理由当然有很多。实际上根本原因只有一个，就是市场竞争的需要。能够实施拆分的都是市场上的老基金，它们业绩相对不错，但由于历史原因，大部分规模偏小，净值却很高，有的甚至达到二三元，这就会让新的基金投资者觉得价格很贵，所以不愿意申购。老的投资者由于获利丰厚，大都选择赎回基金份额，于是导致基金规模出现了萎缩，管理费高涨，不利于后市投资操作。正是由于这个原因，老基金往往通过拆分这种形式，既可以降低基金净值，又能扩大基金规模，而且也不会对原持有人产生任何不利影响，可谓一举多得。

基金拆分是一项重大决策行为，投资者尽管权益上没有任何改变，但还是要搞清楚里面的利弊。通过事前的精算，拆分可以将基金净值调整到1元，从而吸引投资者参与，以此来扩大规模。但拆分的弊端在于，规模扩大后的新基金募集资金需要在两周内完成建仓。这个规定虽然比新基金封闭期建仓周期快了许多，但也要看当时的市场状况。如果市场表现良好，快速建仓可以更容易分享价格上涨收益；但如果当时市场表现低迷，快速建仓的结果就是基金净值容易出现下跌的风险。所以，是否参与基金的拆分需要投资者自行抉择。

3.4　净值术语

基金的核心资产是基金净值，基金投资就是围绕着基金净值而展开的，一切交易也都是为了基金净值的增长。

3.4.1　基金单位净值

基金单位净值，也叫基金单位净资产价值，它是基金总净资产与基金份额的比值。

基金交易随时都在进行，每一次买卖都会造成基金份额的变动。但这个变动仅限于市场价格，结算时投资者还需要一个客观公允的依据——基金单位净值。证监会为此有过规定：基金管理人应当在每个开放日的次日，向市场公开披露基金份额净值和基金份额累计净值。这当中的基金份额净值就是基金单位净值。投资者可以通过网站、基金销售网点以及其他媒介查阅相关信息。

每天收市后，基金管理公司都要计算出最新的基金单位净值，作为投资者交易基金的依据，因此这项数据十分重要。基金单位净值的算法有两种，分别是已知价计算和未知价计算。两种算法各有利弊，相对而言已知价计算更易被投资者接受，因为当天就可以知道单位基金的买卖价格，方便及时办理交割手续。目前我国采用的算法就是已知价计算，如有需要，投资者可到各基金专业网站以及基金管理公司网站进行查询，十分便捷。笔者建议投资者在投资前到各网站浏览一下，做到心中有数。

3.4.2 基金单位累计净值

基金单位累计净值反映的是该基金自成立以来的所有收益，是基金单位净值与基金成立后历次累计单位派息金额的总和。基金单位累计净值的计算公式为：基金单位累计净值＝基金单位净值＋基金历史上累计单位派息金额，或：基金单位累计净值＝基金历史上分红派息总额÷基金总份额。

目前，基金单位累计净值在各基金专业网站以及基金管理公司网站都可以查到，它往往与基金单位资产净值一起，共同反映基金的收益情况。

图 3-3 所示是天天基金网公布的 2018 年 12 月 13 日以及 14 日的基金单位净值和累计净值。

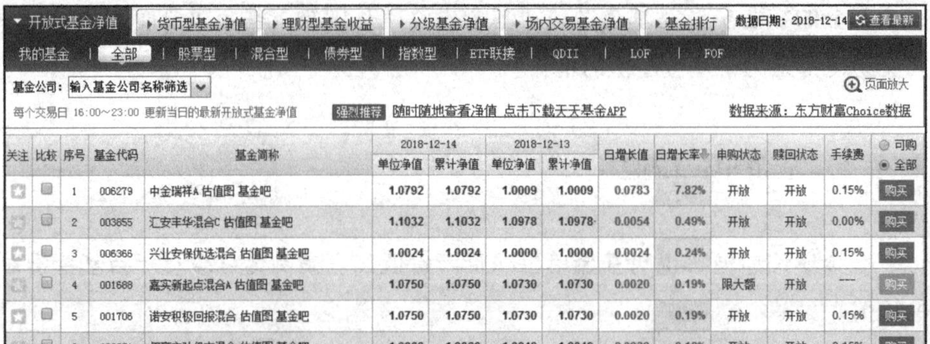

图 3-3　基金单位净值与基金累计净值

看一只基金的净值在未来是否能持续增长，关键指标就是该基金单位累计净值。假设一只基金现在的资产净值是 1 元，而它的单位累计净值已经达到 2 元，这说明基金一半的资产收益都以分红的形式回报给投资者。如果投资者当时的投资成本为 1 元，就相当于投资者已经收回本金，其余全是利润。同时也间接说明，该基金历史业绩十分优异，是一只质地优良的好基金。

　　　　　　　　　　　　　　　　　　　基金投资入门与进阶指南

基金单位累计净值是选择基金的标准，也是判断基金投资价值的关键。

3.4.3 基金累计净值增长率

基金累计净值增长率的计算公式为：基金累计净值增长率＝（基金份额累计净值－基金单位面值）÷基金单位面值。基金累计净值增长率表明一段时间内基金净值增加或减少的百分比（包含分红部分）。

基金累计净值增长率这个指标与基金存续时间的长短有很大关系。一般来说，基金存续时间越长，基金累计净值增长率指标的数值就越高。如果一只基金刚好相反，存续时间长而指标数值低，可以说这只基金可能自成立之日起就一直处在亏损的状态之中，这样的基金一定要尽早规避。基金历史周期与累计净值增长率一定要联系起来看，这样更能客观分辨基金的好坏，这也是挑选基金的一个小技巧。

3.5 收益术语

投资是为了获利，过程中免不了要计算收益率，这也是投资者必须了解的一门功课。

3.5.1 最近7日年化收益率

最近7日年化收益率是货币基金中衡量收益率高低的一个很重要的指标，它是指一只货币基金在过去7天里每10 000份基金份额取得的净收益折算成的年化收益率。该指标很好理解，假设某货币基金当天7日年化收益率为3%，如果今后1年收益情况都维持这个基准不变，该基金1年的收益率就是3%。看起来收益率偏低，但如果与银行1年期存款基准利率1.90%（一般值）相比，其价值立刻就凸显出来，这对于风险很低的货币基金来说已经非常不错。当然，前面的举例只是一种假设状态，实际收益情况每天都会不断地变化，因此，7日年化收益率只是一个短期指标，不可能反映基金的实际年收益，只是将其作为一个参考。

假设一只货币基金第 1 天交易前的价值为 A，第 7 天交易后的价值为 B，7 天的费用为 C，则 7 日年化收益率＝（$B-A-C$）÷A÷$7×365×100\%$。

通常情况下，规模越大的货币基金年化收益率越高，因为其在市场的话语权较高，所以投资者如果选择货币基金，基金规模会是一个重要的衡量指标。

3.5.2 万份基金单位当日收益

除了 7 日年化收益率指标之外，还有一个指标也可以衡量货币基金收益率的高低，并且比前者更重要，这就是万份基金单位当日收益。

万份基金单位当日收益的计算公式：每万份基金单位当日收益＝当日基金收益 ÷ 当日基金份额总数 ×10 000。

通过计算公式可以看出，这是一个定量指标，就是把当天产生的投资收益平均摊到基金份额上，然后以 10 000 份基金份额为定量标准进行衡量和比较。该指标之所以重要，是因为它代表投资者当天的实际收益。假设一名投资者持有 10 000 份货币市场基金，如果每 10 000 份基金净收益是 4.705 4 元，那么该投资者的当日收益就是 4.705 4 元，依次类推。

货币基金有两种收益结转方式，一是"日日分红，按月结转"，二是"日日分红，按日结转"。不管哪一种方式，其实都相当于复利投资。假设一名投资者在某个交易日买了 10 000 份货币基金，从下个交易日开始计算收益，如果下个交易日的万份基金当日收益是 1.1 元，则该投资者此时赎回基金的金额就是（10 000+1.1）元。假设该投资者选择继续投资并按日结转，则再下一个交易日该投资者的投资金额就从 10 001.1 元开始计算。也就是说，第 1 个交易日产生的投资收益会累加到第 2 个交易日作为本金计算收益。

3.6 其他基金名词

任何交易都是有成本的，基金投资也是如此，这是市场存在的基础。在开立投资账户前，最后的一堂基础课就是了解投资的成本。

3.6.1 基金申购费率

如同购买股票一样，投资者想要从基金投资中获利，首先就要申购基金。申购是基金专属名词，投资者将其理解为买入就行。基金申购费率就是投资者买入基金时的费用比率。不同的基金，基金申购费率也有所不同，主要看投资者资金实力大小，此处取费率最大值计算。

购买基金的资金有两部分，即申购费用和净申购金。申购费用根据一定比例计算，常规方法是按买入价款总额（包含费用）乘以一个适用的费率。

例如，某投资者想买 10 000 份基金，该基金申购费率是 2%，假设该基金净值为 1 元，那投资者实际需要支付的费用有两部分：一是按申购费率计算出的申购费用 200 元，二是按基金净值买预定基金份额的资金 10 000 元。投资者想要完成这笔交易，实际支付的费用其实是 10 200 元。

这种计算方法是国际通用的，优点是计算简便，投资者在交易前可自行计算实际资金使用量，做到心中有数，避免因为扣除申购费用而无法买到预定基金份额的情况发生。

3.6.2 基金赎回费率

赎回简单理解就是卖出，即投资者将账户内的基金份额卖给基金管理公司，并获取现金的行为。

基金赎回费率就是投资者卖出基金时的费用比率。基金的赎回是采用份额赎回的方式，即投资者向基金管理公司提出赎回申请时是以份额为单位，而不是像股票那样以价格为单位，这一点投资者要注意。

因为持有时间长短不同，投资者赎回基金的费率也会不同，此处同样取费率最大值计算。与买入基金一样，投资者卖出基金后实际得到的金额也分为两部分，即赎回总额和需要扣减赎回费用的部分。假设某投资者卖出基金净值为 2 元的 10 000 份基金份额，赎回费率是 2%，那么该投资者实际获得资金 = 20 000 − 400（赎回费）= 19 600（元）。

基金份额全部赎回的情况不用多说，如果是部分赎回，则涉及赎回费收入归属的问题。关于这一点各基金管理公司规定各不相同：有的只扣除较少手续费，大部分归基金所有；有的则全部或大部分用作手续费，不归或少部分归入基金资产。很明显，前一种规定对投资者有利，赎回费归基金所有会抬高基金净值。两种规定影响的资金额差别虽然微小，但也能反映出基金管理公司是否是一家将投资者利益放在首位的良心公司。

3.6.3　基金分红

获取投资收益的手段除了将基金份额赎回外，投资者还可以选择基金分红。

什么是基金分红？基金分红就是基金管理公司在市场上获取了投资收益，然后将部分收益以现金形式派发给基金持有人。基金分红看起来很不错，但投资者要清楚，分红收益原本就是基金净值的一部分，分红只不过是投资者提前拿到属于自己的账面资产，这也就是分红当日（除权日）基金净值会下跌的原因。当然，如果基金净值后市又涨了回来，那分红的资金就是投资者实实在在的收益了。

一般所说的基金分红指的是证券投资基金。如果是开放式证券投资基金，选择赎回部分基金份额也能达到分红的效果。

提醒读者，分红不过是基金净值增长后的部分兑现，并不是越多越好。衡量基金业绩好的标准，还是基金净值的增长。

心动不如行动，勇敢地走出第一步才是关键。

4.1　确定基金购买渠道

国内基金销售渠道目前有四种，分别是基金销售公司（包括第三方平台和基金管理公司）、银行、证券公司以及上海证券交易所开放式基金销售系统（简称"上证基金通"），投资者可根据自己实际情况，选择适合自己的销售渠道购买基金。

4.1.1　通过基金销售公司购买

基金销售公司是一个统称，它包含了第三方平台以及基金管理公司本身两个渠道。

第三方平台是指既不是基金管理公司本身（直销），又不是其他金融机构（证券公司与银行都称为代销），而是经证监会核准，拥有专业基金销售资格牌照，可单独进行基金产品销售的公司。天天基金网、好买基金网等，都属于第三方基金销售平台。

第三方平台的优势很明显，表现在以下方面。

■　基金产品种类多、数量多，投资者有多种选择。

■　各类基金信息比较详细，方便投资者研究。

■　交易费率较低，减少投资者成本。

■ 交易流程和基金转换便捷，资金到账时间快。

第三方平台的劣势也很突出：一是很多基金，如场外 ETF 基金（交易型开放式指数基金）、部分分级基金等都不能够在场内进行交易；二是线下网点较少，投资者办理业务不方便。

基金管理公司是市场上公募基金的开发者与提供者，是基金行业里面的主角，不仅可以发行基金产品，还可以自主销售基金产品。与其他渠道相比，基金管理公司也有着明显的优势与劣势。

基金管理公司的优势在于基金交易的优惠力度大，认购、申购和赎回的费率较低，再就是基金信息详细，投资者查找相关资料便利。

基金管理公司的劣势表现在基金种类少，投资者选择余地小；营业网点少，各类业务的办理相对麻烦，涉及跨公司的基金转换不便捷；投资者不能在基金管理公司买卖封闭式基金；资金到账时间较慢。

4.1.2　通过银行购买

基金市场中最重要的一类销售渠道，也是最让百姓放心的渠道非银行莫属。目前，"工农中建交"几个国有控股银行，加上中信银行等股份制银行都具有基金销售资格，可以开展基金代销业务。

银行的优势在于百姓充分信赖、营业网点遍布城市各个角落、服务便捷。

银行的劣势在于银行代销的基金种类有限，若需要同时购买多只基金，一家银行平台无法实现；投资者进行基金转换业务时会有障碍；各种费率优惠力度小，投资者交易成本较高；不能进行场内交易；基金信息笼统；资金到账时间慢。

4.1.3　通过证券公司购买

证券公司是从事有价证券买卖的专业机构，属于比较传统却很重要的基金代销渠道。规模比较大的券商如华泰证券、国泰君安证券、中信证券、海通证券等都经过证监会核准，拥有基金销售牌照，可开展基金代销与交易业务。

作为基金销售与交易平台，证券公司的优势主要体现在以下方面。

（1）是基金场内交易的唯一平台。可交易的基金包括封闭式基金、ETF基金、分级基金等。

（2）同一基金管理公司的基金可利用交易平台进行基金转换。

（3）在同一平台或账户内可跨种类（股票、基金、债券、理财产品等）进行交易。同时营业网点较多，服务方便快捷。

（4）包含场内基金在内的基金产品丰富。

证券公司的劣势在于基金信息笼统，对投资者的研究帮助不大，涉及场外基金时资金到账较慢。

4.1.4 通过"上证基金通"购买

"上证基金通"是上海证券交易所开放式基金销售系统的简称。

"上证基金通"与136家证券公司的3 000余家营业部开通了直连，目的就是为开放式基金的交易提供一体化的技术支持，投资者可通过电话、网络平台、柜台操作等任何方式向上海证券交易所（以下简称"上交所"）系统进行交易申报，非常便捷。对普通投资者而言，可通过"上证基金通"行情系统掌握基金净值变动情况；可通过"上证基金通"网站获取基金公告、研究报告等信息；还可以了解相关法律法规，及时跟踪基金份额净值表现，为投资提供决策参考。

"上证基金通"有效整合了中国证券登记结算有限责任公司、证券公司、基金管理公司的网络资源优势，充分体现了上交所交易系统安全、高效、统一的特点，打破了各部门以往各自为战的局面，称得上是一项制度上的创举，为基金业的蓬勃发展起到了推动作用。

为方便投资者利用"上证基金通"开展基金交易，上交所联合中国证券登记结算有限责任公司共同发布《通过上海证券交易所办理开放式基金相关业务操作指引》（以下简称《指引》），明确开放式基金各类业务实施细则。

《指引》的内容很多，这里简单介绍几点与投资者交易有关的内容。

1.关于交易账户的规定。《指引》规定，场内基金的交易应使用上交所普通股票账户或证券投资基金账户；场外基金的交易应使用中国证券登记结算有限责任公司的开放式基金账户。

2.关于交易时间的规定。基金募集期内，上交所接收基金申购的时间为交易日的撮合交易时间（9：30～11：30，13：00～15：00）和大宗交易时间（15：00～15：30）；交易时，基金管理人可按认购金额分段设置认购费率；在申购赎回时间，上交所会在行情发布系统中"最新价"一栏内揭示前一交易日每百份基金份额净值；交易日的撮合交易时间（9：30～11：30，13：00～15：00）内，上交所接受基金份额买卖的申报。

4.2　如何开户

投资者想要进行基金投资，首先就要开立基金账户，这是基金投资必不可少的一步，下面介绍具体的开户流程。

4.2.1　基金账户

根据《指引》的规定，投资者如果想要开立基金账户，需要登记结算机构为其办理，用来记录其持有的基金份额余额及变动情况。

基金账户分为基金交易账户和基金 TA 账户两种，人们通常说的基金账户（基金账号）是指基金 TA 账户。基金 TA 账户是简称，全称叫"证券投资基金账户"，其作用是帮助投资者管理和记录交易过的基金的种类和数量的变化。投资者所有的基金业务，都统一记录在该账户中。基金账户针对的不是基金，而是基金管理公司，即一家基金管理公司只允许投资者申请开立一个基金账户，但可以购买该基金管理公司旗下所有开放式基金产品。投资者如果想购买多家基金管理公司产品，则需要开立多个基金账户。

对某一基金管理公司而言，基金交易账户则是银行为投资者开立的，仅限在本行进行基金交易的账户，作用也是记载投资者基金交易情况和所持有的基金份额。银行要求投资者第一次进行基金交易时必须先开立基金交易账户，主要是为了方便交易。基金交易账户在数量上没有要求，投资者可以只开立一个账户，也可以开立多个账户。例如，投资者在证券公司有一个账户，在银行也有一个账户，由于是不同的系统，两个基金账户之间不会发生冲突，买卖和转托管业务操作可随时进行。

4.2.2　提交材料

我国法律规定，年满十八周岁，可以为自己的行为负完全的民事责任和刑事责任的成年人才能开立基金账户。为此基金管理公司在接到投资者申请开立基金账户的申请时，应该同时要求投资者提供一些材料，基金管理公司在审核通过后，才能为其开立相关账户。

开立基金账户的步骤如下。

（1）填写基金账户业务申请表。开户地点没有要求，任意基金销售网点都可以。

（2）准备好办理开户需要的资料。

（3）预留一个银行存款账户，用于接受基金回款。

完成上述 3 个步骤，投资者需要提供开户所需的审核材料，它们包括以下几个方面。

（1）本人有效身份证件原件及复印件。现役军人或海外人士等特殊身份群体可用军官证、武警证或护照等可证明本人身份的有效证件。

（2）已填写好的基金账户业务申请表。

（3）银行的开户许可证或开立银行账户申报表原件及复印件。

（4）若他人代为办理，代办人还需提供本人有效身份证原件及其复印件，委托人的授权委托书。

4.2.3　开户流程

材料如果通过审核，就正式进入开户流程，具体有以下几个步骤。

（1）准备好开户所需材料。

（2）本人或代办人填写《基金账户业务申请表》。

（3）本人或代办人领取回执以及基金交易卡。

（4）$T+2$ 日后投资者可以打印业务确定书。

过程中有一些事项需要投资者注意。

（1）个人投资者的身份证件必须合法。

（2）投资者如果开户当天就想交易，可向直销中心申请临时基金账号和正式交易账号，投资者可使用临时基金账号或正式交易账号进行交易。开户成功后，注册登记机构会为投资者分配一个正式基金账号，投资者可在 $T+2$ 日查询到该基金账号。

为便于读者阅读，笔者将基金开户流程以及注意事项做成流程图，方便理解。

图 4-1 所示是个人投资者开立基金账户的流程。

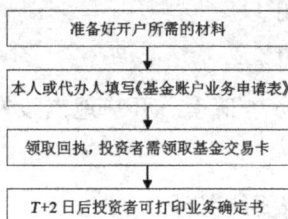

准备好开户所需的材料

本人或代办人填写《基金账户业务申请表》

领取回执，投资者需领取基金交易卡

$T+2$ 日后投资者可打印业务确定书

图 4-1　基金开户的流程

图 4-2 所示是投资者开立基金账户时的注意事项。

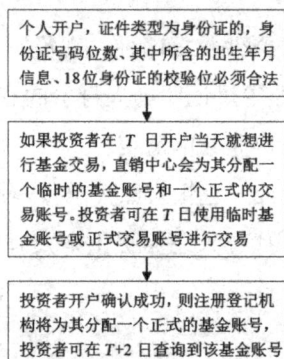

个人开户，证件类型为身份证的，身份证号码位数、其中所含的出生年月信息、18 位身份证的校验位必须合法

如果投资者在 T 日开户当天就想进行基金交易，直销中心会为其分配一个临时的基金账号和一个正式的交易账号。投资者可在 T 日使用临时基金账号或正式交易账号进行交易

投资者开户确认成功，则注册登记机构将为其分配一个正式的基金账号，投资者可在 $T+2$ 日查询到该基金账号

图 4-2　基金开户时注意事项

基金开户并不复杂，且有工作人员可以咨询。勇敢地迈出这一步吧，账户好比钥匙，有了它，投资者就可以开启财富之门。

4.3　投资费用与交易时间

市场需要一定的成本来维持运转，否则交易无从谈起，因此成本也是交易的一部分。

4.3.1 基金交易费

基金交易费指的是进行基金交易时产生的费用，这也是投资者面对的第一笔费用。交易费用是一个统称，具体包含以下方面。

（1）认购费。如果投资者是在基金发行募集期内购买基金份额，就需要交纳认购费。认购费计算公式：认购费＝认购金额 × 认购费率。认购费率通常在1%左右，根据投资者认购金额的大小，基金管理公司会有一定的优惠。

（2）申购费。申购费指的是基金存续期间，投资者购买基金份额时支付的手续费。计算公式：申购费＝申购金额 × 申购费率。与认购费一样，申购费率通常也在1%左右，根据投资者申购金额的大小，基金管理公司会有一定的优惠。

提醒一点，基金申购费有上限，不允许超过申购金额的5%。

（3）赎回费。这个很好理解，就是投资者卖出基金份额时支付的费用。赎回费发生后不是归基金管理公司所有，而是计入基金资产。这是一种补偿机制，主要是鼓励投资者能够长期持有基金。

（4）转换费。转换费是投资者根据自己的交易意愿，在同一基金管理公司不同基金品种间进行转换产生的费用。

转换费的计算方式有两种，即费率方式和固定金额方式。费率方式的计算是以基金单位资产净值为基础，但费率不得高于申购费率。

4.3.2 基金运营费

基金管理公司从最初的产品设计到中间产品的推出，再到最终产品的运营维护，这一系列运作都是需要成本的。基金管理公司将这些成本打包，统一划归到基金运营费当中。基金运营费通常不会额外收取，而是直接从基金资产中扣除。基金运营费项目很多，简单地说，基金管理公司一切运营产生的成本都可以列入运营费中，但直接涉及投资者的只有以下两项。

（1）基金管理费。基金管理费指的是基金管理人为投资者提供专业化服务，帮助投资者实际运营基金资产而收取的报酬。不同基金之间的基金管理费差别很大，主要根据基金的风险特征来定，并按基金资产净值的一定百分比计提。例如，风险最低的货币基金，其管理费率为 0.33%；风险较高的债券基金，其管理费率为 0.65% 左右；而风险更高的股票基金，其管理费率则达到 1% ~ 1.6%。

（2）基金托管费。基金托管费指银行等托管机构在提供服务后向基金收取的费用。托管费通常按基金单位资产净值的一定比例提取，通常费率为 0.25%，采取逐日累计计提，按月向托管人支付的方式。

有的投资者搞不懂运营费和交易费的区别，其实很简单，只要投资者持有基金份额，享受专业服务，运营费就会每天产生并一直持续。交易费则属于单一费用，仅在交易时产生，其余时间不会产生。

以家庭购车为例，交易费相当于买车的费用；而运营费就是后续养车的费用，如车险、燃油费、车辆保养等费用，是车辆使用过程中持续产生的费用。

4.3.3　基金交易日与交易时间

基金交易日就是可以进行基金交易的时间段。为保持市场同步，基金交易时间和股票交易时间是一样的，都在每个工作日的 9：30 ~ 15：00，其中，中午 11：30 ~ 13：00 为休市时间。基金成交净值以 15：00 收市为界，15：00前下单按当天净值成交，15：00 后下单按次日净值成交。

随着互联网的普及，各专业机构包括一些专业基金网站都开通了网上交易平台，越来越多的投资者开始选择安全高效、方便快捷的网上交易渠道进行交易，因为这样可以根据自己交易意愿随时进行交易。当然，交易的执行有一个前提，即需要在有效交易时间段得到证券交易所的确认。正常交易时间，基金价格可按照当日收盘净值成交；非正常交易时间，需按照下一个正常交易时间结束后的净值成交。

4.4　基金交易流程

基金从设立到募集、申购到赎回、存续与开放、转托管与转换等都是基金交易的一部分，都有一整套流程，各个环节都不可或缺。

4.4.1 基金的设立与募集

经过十余年的发展，我国的基金市场取得了非常大的进步。尽管如此，为了保证基金管理公司能够规范地管理、运营基金，相关部门仍然对基金的设立实行严格的"核准制"。基金管理公司想设立一只新的基金，需完成以下4个步骤。

（1）确定基金性质。基金发起人首先要按照组织形态、基金份额可否赎回等条件确定基金性质。根据我国的实际情况，目前国内基金在设立时均选择契约型开放式基金这一类型。

（2）基金发起人要选择共同发起人和基金托管人，明确各方的责、权、利关系。

（3）向主管机关提交各类申报手续文件，同时对人员进行培训，做好各项准备工作。

（4）拿到核准文件后，基金管理公司即可发布基金招募说明书，同时发售基金份额。募集资金若达到规定数额或百分比，基金即发售成功。反之，便是基金发售失败。

基金管理人在申请设立基金时，除提供上述材料外，还应同时向证监会报送基金实施方案及相关手续。

基金设立的关键一环就是资金的募集，它分为申请、核准、发售、合同生效4个步骤。

（1）基金募集申请。这是基金发起人向主管机关提交各类文件的过程，如基金申请报告、招募说明书草案等。

（2）基金募集申请的核准。自受理基金募集申请之日起6个月内，证监会要对申请作出是否核准的明确答复。

（3）基金份额的发售。如果收到核准文件，基金管理人应在6个月内发售基金份额。自基金份额发售日起计算，募集期不得超过3个月。

（4）基金合同生效。募集期满，若基金份额不少于2亿份，募集金额不少于2亿元人民币，基金份额持有人数不少于200人，则基金达到验资要求，在募集期满之日起10日内，应聘请法定验资机构进行验资。收到验资报告之日起10日内，基金管理人向证监会提交备案申请和验资报告，办理备案手续。证监会在收到文件后3个工作日内进行书面确认。证监会一旦确认，表明备案手续办理完毕，基金合同开始生效。基金管理公司收到确认书的次日，可发布基金合同生效公告。

市场当时环境的好坏是资金募集能否成功的关键。如果基金募集失败，基金管理人要承担相应责任，包括用固有财产承担因募集失败而产生的债务和费用，并在募集期满后 30 日内返还投资者已交纳的款项，同时计算银行同期存款利息。

4.4.2　基金的认购

投资者在基金募集期间购买基金份额的过程叫基金认购。

认购基金时，投资者应在基金销售点填写认购申请书，交付认购款项。认购款项有两部分，一是根据费率计算出的认购费，二是按基金单位面值（1 元）计算出的认购资金。新基金认购期最长为 1 个月，期间会有费率优惠，通常情况下是 1.0%。认购的基金有封闭期，期间不能赎回，因为基金经理要建仓，这一点读者要清楚。

图 4-3 所示是认购基金时所需要的材料。

投资者类型	需提交的材料
个人投资者	本人有效身份证、基金账户卡、代销银行网点借记卡（卡内有足额认购资金）、填写好的《银行代销基金认购申请表（个人）》

图 4-3　认购基金所需要的材料

下面有两个公式，投资者可根据公式计算认购基金时所需要的资金。

认购价格＝基金份额面值＋认购费用

认购金额＝认购价格 × 认购份数

有两种途径可以确认认购是否成功：第一，向基金销售机构咨询认购结果；第二，到基金销售网点打印成交确认单。除此之外，投资者也有可能收到基金管理人邮寄的客户信息确认书和交易确认书。当然，不是每一家基金管理公司都会这样做，但这样做的，一定是管理规范的好公司。

4.4.3　基金的申购与赎回

投资者买入基金份额的行为叫基金的申购，投资者卖出基金份额的行为叫基金的赎回。基金的申购和赎回与股票的买卖意义相同。投资者申购基金时需通过指定账号划出全额资金，资金不足被视为无效申请，款项将予以退回。投资者赎回基金时，资金将在$T+7$日内划入基金赎回人账户。

申购与赎回是基金交易的一体两面，下面将二者合并在一起，看看它们的具体流程。

1.基金申购与赎回的步骤

图4-4所示即基金申购与赎回的步骤。

步骤	内容	具体说明
1	投资者提出申购或赎回申请	投资者根据基金销售网点规定的手续，在交易时间段内向基金销售网点提出申购或赎回，填写《申购申请表》或《赎回申请表》，并在申请当日下午收盘前提交申请。如想撤销当日申购或赎回，可在当日收盘前提交撤销申请
2	申购或赎回申请的确认	基金管理人以收到投资者申购或赎回申请的当天作为申购或赎回申请日，即俗称的T日，并在$T+2$日前对该操作进行有效性确认。$T+2$日，投资者可向基金销售网点进行成交查询
3	申购或赎回申请的款项支付	申购要全额付款；赎回资金将在$T+7$日内划入基金赎回人账户

图4-4　基金申购与赎回的步骤

申购基金有两种方式，分别是前端申购和后端申购。前端申购，是指基金管理公司在投资者申购时就扣除申购费用的行为。后端申购，是指基金管理公司在投资者赎回基金份额时才扣除申购费用的行为。后端申购，申购费率会随着基金持有时间的增加而递减，这就是鼓励投资者尽可能长期持有基金。是否采取后端申购，投资者可自行选择。

提醒读者，网上申购基金时只有选择前端申购才能享受申购费率的优惠。另外，如果投资者在持有期内有基金转换的计划，建议不要选择后端申购，因为一旦转换，原基金持有年限就将清零，计算申购费率时会对投资者不利。

2.基金申购与赎回的原则

（1）未知价原则。在申请得到确认后，基金申购与赎回的价格以当日收市计算出的基金单位资产净值为计算基准。

（2）金额申请是基金申购的原则，份额申请是基金赎回的原则。

（3）基金赎回遵循先进先出原则，以投资者申购先后顺序赎回。

（4）最高持有基金份额的比例限制。为防止所有权变更，单个基金账户在基金存续期内持有基金份额的比例不得超过总份额的10%。若超过，虽不强制赎回，但不允许对该基金再追加投资。

3. 基金申购与赎回的规则

（1）申购与赎回时间为交易日的9：30 ~ 15：00，节假日休息。

（2）假设 T 日为申请交易日，则周六、周日申请以周一为 T 日。交易日9：30前以当日为 T 日，15：00后以次日为 T 日。

（3）投资者可通过电话、传真、网络等各种形式进行基金申购与赎回。

（4）投资者在赎回基金后若账户内基金份额不足 1 000 份，剩余份额必须一同全部赎回。

（5）赎回费用。赎回费用只在投资者赎回基金份额时收取，扣除其他成本后余额归基金所有。基金赎回费率不得高于0.5%，且应随持有期限的增加而递减。1年以内赎回基金的，赎回费率为0.5%；1年（含1年）至2年赎回基金的，赎回费率为0.25%；2年以上（含2年）赎回基金的，不计费率。

4. 基金申购与赎回的计算

相关公式前面章节已经提及，这里不再赘述。

按照规定，对赎回金额的处理方式，应该按实际确认的有效赎回份额乘以当日基金净值，再扣除相应的费用进行处理，具体金额按四舍五入计算并保留到小数点后两位，四舍五入部分的资产归基金所有。

5. 基金拒绝或暂停赎回

出现以下情形的，基金管理人可拒绝接受或暂停基金投资者的赎回申请，否则应为投资者正常办理业务。

（1）不可抗力。

（2）交易所在交易时间非正常停市。

（3）基金遭遇连续巨额赎回，导致现金支付困难。

（4）符合国家法律法规允许的其他情形；经证监会批准，投资者与基金管理公司签订的基金转托管合同中已标注的特殊情形。

有上述情形之一的，基金管理人要在当日立即向证监会备案。对于赎回申请，已接受的要足额支付；暂时不能支付的，如部分申请已接受，按等比例支付给申请人，其余部分在后续工作日予以兑付。如出现上述第三款情形，已接受的赎回申请可延期支付，但最长不应超过正常支付时间之后的 20 个工作日，并需要在指定媒体上公告。

4.4.4　基金的转托管与转换

所谓基金的转托管，是指同一投资者将基金份额由一个代销机构转至另一个代销机构进行托管的过程。

转托管分为一步式转托管和两步式转托管两种方式。如果是在原托管机构单方办理转托管业务，两日后还能在新托管机构查询到，这样的方式就是一步式转托管。除此之外，都属于两步式转托管。基金转托管办理流程如下。

（1）准备好相关证件和资料，内容参见基金申购与赎回业务办理。

（2）投资者要有转入机构的基金账户，转出的基金份额须为原基金账户内可用份额，且每次只能选择一只基金的部分或全部份额进行转托管。

（3）转托管申请一经受理，基金份额即被冻结，投资者需要填写转托管的具体基金份额。

投资者进行转托管时，可将在原代销机构（地点）购买的基金份额全部或部分转出，但在转托管完成后，转出和转入的基金份额以及余额都不得低于投资者当初分基金管理公司签订的合同中规定的最低持有份额。若托管的基金份额低于最低份额，该转托管确认为不成功；若本基金份额余额原已低于最低份额，则必须一次全部转出，否则该转托管会被确认为不成功。

基金的转换是指投资者将其持有的基金份额直接转换成该公司旗下其他基金份额的行为。基金转换是在同一基金管理公司内部进行的业务，其实质属于内部流转。基金转托管是在不同基金管理公司间进行的业务，属于外部流转，这就是二者最大的区别。

基金转换条件如下。

（1）必须是同一家基金管理公司的两只基金。

（2）基金若采取前端收费模式，只能与同样收费模式的基金进行转换。申购费为零的基金默认为采取前端收费模式。

（3）后端收费模式的基金，可任意与前端或后端收费模式的基金进行转换。

基金转换业务是收费的，由赎回费补差和申购费补差两部分构成，具体要看转换时两只基金申购费率和赎回费率的差异情况。基金转换费用由投资者承担。

赎回费补差。用转出基金份额时的适用赎回费率，计算转出基金赎回费；用转入基金份额时的适用赎回费率，计算转入基金赎回费。若转出赎回费高于转入赎回费，则收取赎回费差；若转出赎回费低于转入赎回费，则不收取赎回费差。

申购费补差。两只前端收费基金之间进行转换，用转出金额分别计算转出基金和转入基金的申购费。申购费低的基金向申购费高的基金转换时，收取申购费差价；反之，不收取差价。

基金转换时，投资者只需支付较低的转换费，而不必支付较高的赎回费和申购费。通常情况下，基金管理公司设定的转换费率是1‰。基金转换适用群体如下。

（1）买错基金品种的投资者。部分投资者由于刚入门，对自己的投资风格以及需要购买的基金品种还不是很了解，以致错配了基金。本来想博取高收益，结果错买了低收益的货币基金；本来想稳健投资，却误买了波动大的股票型基金。如果采取赎回再重新购买的方式会增加投资成本，未免得不偿失，而选择基金转换方式，刚好可以弥补这种错误。

（2）有一定市场经验的投资者。这部分投资者熟稔基金市场规律，用货币基金抵御市场风险，通过稳定收益使财富保值；以股票基金获取超额收益，通过较大波动实现财富增值。其手段就是运用基金转换的操作方法，在市场低迷时享受货币基金高于银行定期存款的收益，在行情向好时享受股票基金飙股的乐趣，可谓一举两得。

4.5　基金销户

投资只是生活的一部分，当投资者因为各种原因决定停止投资时，笔者建议将账户注销。

4.5.1　基金管理公司销户

同开立账户一样，销户也需要一定的流程。为了结算方便，要注销的基金账户还需要满足两方面条件：一是准备注销的基金账户处在正常状态；二是账户内没有任何在办业务和权益，当然也不会有任何基金份额。有的时候，如果一个基金账户在注销前即将迎来基金分红，为了保护投资者权益，基金管理公司也会暂停该账户的注销业务。

注销基金账户需提供的资料如下。

（1）完整填写业务申请表。

（2）账户所有人的身份证原件以及复印件。

（3）如非本人办理，需提供代办人身份证原件及复印件，同时提供账户所有人的授权委托书。

（4）基金账户卡或交易账号原件。

基金账户注销流程如下。

（1）在开立账户时的基金代销网点，向指定基金注册登记机构申请注销指定的基金账户。

（2）口头告知机构工作人员基金注册登记机构名称，输入基金交易密码。

（3）填写"基金账户注销申请书"，本人签字确认，与身份证复印件一同寄往基金管理公司客服部。

4.5.2　中国证券登记结算有限责任公司销户

在中国证券登记结算有限责任公司注册的基金账户叫"中登账户"，市场上以"99F""98F"开头的基金账户都属于"中登账户"。

注销"中登账户"很简单，只需身份证件原件即可。投资者经查询，确认账户内无任何基金份额和在办业务及权益后，通过代销机构向中国证券登记结算有限责任公司提出销户申请即可。

第 2 部分

进阶篇

第 5 章
投资前的行动

基金在设立、募集、运营等各个环节都需要对外公布相关信息，这是投资者及时、准确了解基金产品整体情况的有效渠道。

5.1　信息分析

对基金管理公司公开披露的信息进行有效阅读与分析，进而提炼出具有投资价值的"干货"，是投资者投资能力显著提高的标志。

5.1.1　基金信息披露

所谓基金信息披露，是指基金管理公司有关当事人依照相关法律法规规定，就基金募集、投资运营等一系列信息，向社会公众予以公布的过程。

国际上已对基金市场监管达成共识，要求基金管理公司对信息进行强制披露，其目的就是培育和完善市场运行机制，让基金信息能够真实、准确、完整、公平、及时地呈现在投资者面前。基金管理公司设立的初衷就是"受人之托，专业理财"，只有增强基金运营的透明度，让投资者及时了解基金运营和资产变动的相关信息，投资者的合法权益才能得到有效的保护，进而增强市场参与各方的投资信心。

基金信息披露的要求如下。

1. 信息全面。这是对基金信息披露范围的要求。信息披露当事人要公开披露所有法定项目信息、对投资者利益或基金净值价格产生重大影响的信息，不得有任何遗漏、短缺或隐瞒。

2. 信息真实。公开披露的基金信息不能有任何虚假记载或具有误导性的陈述，这也是信息披露的核心。

3. 信息时效。这是对信息披露的时间要求。信息时效要求基金管理公司在信息披露方面不能有任何拖延。

关于基金应披露哪些信息，《证券投资基金信息披露管理办法》第二章第五条有详细的规定，其中与投资者密切相关的有以下几项。

1. 基金招募说明书。按照规定，招募说明书自基金合同生效之日起每6个月应更新一次，内容截至6个月的最后一日，并在结束之日后的45日内发布公告。之所以如此规定，是因为它是投资者在投资前的必读信息之一。

2. 基金定期报告，包括基金季度报告、基金半年度报告和基金年度报告。

3. 临时报告。基金管理公司在运营过程中，自认为出现了可能对投资者利益或基金价格产生重大影响的事件时，就可以发布临时公告。

发布临时公告的情况如下。

- 基金持有人会议决议。
- 基金经理或托管银行发生变更。
- 基金提前终止合同。
- 基金转换运营方式。
- 包括董事长、总经理在内的基金管理公司高层或是托管银行高层发生人事变动。
- 基金经理1年内变更超过50%。
- 托管银行部门主要业务人员1年内变动超过30%。
- 基金重大关联交易事项。
- 基金管理公司高层以及基金经理受到重大处罚，涉及重大诉讼或仲裁。
- 基金管理公司变更了相关费用的计提标准、计提方式和费率。
- 若基金发生上述重大事件，基金管理公司要在2日内编制临时报告书予以公告，随后上报证监会，同时向证监会驻当地派出机构备案。

5.1.2 阅读基金招募说明书

阅读基金招募说明书是投资者必做的一项功课，因为其中的关键信息对投资者非常有帮助。

所谓基金招募说明书，指的是基金发起人向社会公众公开发售基金时，为投资者提供的说明基金情况的法律文书。基金招募说明书是基金最初发行的文件，其中详细披露了包括基金销售渠道、收益分配方式在内的各类基金重要信息。

基金招募说明书严格按照国家有关法律法规制定，每半年更新一次，投资者若想查询某只基金的基金招募说明书，只要登录财经网站或第三方基金平台，输入基金名称或代码，查找基金公告子项一栏就能够看到。网站上的基金招募说明书有全文版和摘要版两种，一般摘要版足以满足投资者需求。

基金管理者是谁，水平怎么样？基金投什么，怎么投？这是阅读基金招募说明书时需要搞懂的问题。通过基金招募说明书中"基金管理人"部分，投资者可以了解基金管理公司和基金经理的情况。一般来说，如果一家基金管理公司规模相对较大，成立时间较长，基金经理入行较早，历史业绩也不错，则这只基金便值得关注。如果是一只没有历史业绩的新基金，投资者可以通过对基金经理工作经历的介绍，主观预判他擅长哪一类投资、其能力是否胜任现在这只基金。

通过基金招募说明书中"投资范围"部分，投资者可以找到"基金投什么"的答案。这部分内容会说明在股票、债券、权证、现金等品种中，基金可以投哪些，投资比例的上限和下限是多少。这都是影响基金分类、基金风险程度和收益的部分，投资者一定要看仔细。如果某只基金将 80% 的资产投资在股票上，这就是股票型基金；如某只基金规定投资下限是 0，上限是 95% 的资产会投在股票和债券上，这就是混合型基金。这当中可以进一步细分，把混合型基金再次分为偏股票型、偏债券型两种，其划分标准就是资金投向比例。按收益高低排序，股票型基金高于混合型基金。即使在混合型基金内部，偏股型基金收益也高于灵活配置型，而后者收益又高于偏债型基金收益。投资者一定要仔细阅读这部分内容，不要因为阅读文字比较枯燥就放弃，因为看懂这些，投资者就会大概了解一只基金的收益和风险状况，而这些关键信息是真正可以帮助投资者赚钱的部分。

"投资策略"这部分内容可以解答怎么投的问题。在股票、债券和资产配置策略中，业绩比较基准最为重要。如果某只基金业绩比较基准是上证 50 指数收益率占比 75%，中证全债指数收益率占比 25%，就可以知道上证 50 指数是这只基金股票投资部分的业绩比较基准，而中证全债指数则是债券投资部分的业绩比较基准，二者对业绩影响比重分别是 75% 和 25%。

不要小看这类信息，它可以让投资者知道很多。一是通过股票资产比例可以知道该基金是一只股票型基金；二是知道该基金偏好投资蓝筹股，因为其对标的上证 50 指数覆盖的就是金融、石油、房地产等行业的龙头企业；三是知道该基金的债券投资部分的比较基准是覆盖面广、流动程度较高的中证全债指数，因此，基金当然也会有这些特点。可以将阅读基金招募说明书与病人生病吃药联系起来。如果有人生病需要吃药，他一定会先看药品说明书，了解药品能治什么病、有什么副作用、哪些人不适合服用等相关信息。阅读基金招募说明书就是深入了解基金的过程，通过相关信息可以直观判断该基金是否值得投资。

5.1.3　审阅基金年报

基金年报即有关基金信息的年度报告，能反映基金全年运营及业绩情况，除应披露的内容外，按照要求，基金年报必须披露托管人报告、审计报告等内容。

会计年度结束后 90 天内是基金年报公告时间，这也提醒投资者，所谓的年报，其实已经是 2 个多月前的过时信息了，有效性需要打个折扣。有的投资者希望参考年报中披露的基金重仓股来买股，殊不知这时重仓股的参考价值其实已经不大，因为在这期间，基金经理很有可能已经调仓换股。尽管如此，基金年报还是很重要，透过基金年报，可以更好地了解一只基金的真实运营情况。

一份符合规范、信息披露详细的基金年报大约有几十页，投资者通过基金年报可以了解以下几方面情况。

1. 基金市场定位

基金管理公司在设立、发行基金的时候都会对产品有一个合适的定位，并据此展开相关工作，其后在基金运营过程中往往会根据这个定位进行营销与操作。但是，这个定位是临时性的，基金管理人会根据市场变化情况对定位进行适度调整。因此，投资者不能僵化地以基金招募说明书上的市场定位对基金产品进行策略上的评定，而是应根据基金发布的年报，配合基金招募说明书适时调整自己的投资策略。

2. 基金组合收益情况

基金年报会披露基金投资组合收益情况，投资者可根据组合收益或亏损情况，得出该基金投资风格以及市场投资热点，评估自己的投资风险。

3. 基金经理

基金一年的操作业绩在年报中可以直接体现，投资者可从中客观评价基金经理的投资风格、能力水平是否适应基金的发展。对于基金管理公司的运营是否规范，从基金经理任职期间是否发生过人事变动等情况也能有所体现。

4. 基金持有人结构

基金年报中有一项是"基金前10名持有人"。投资者通过这个信息，可以了解前10名投资者的投资频度、投资类别和投资目的。

5. 基金分红情况

正面的基金分红可降低基金的赎回频度，有助于基金净值的增长。如果基金净值与投资分红形成同方向联动，不仅可以吸引场外投资者积极申购，还可以坚定场内投资者信心，通过分红再投资的方式实现基金的循环投资。

6. 基金内控机制

好的基金管理公司一定具有完善、科学、规范、高效的内控机制，投资者从投资风格、产品组合等方面其实都能够观察到，而这些也有助于基金业绩大幅度提高。

7. 重大事件公告

如果能通过信息披露，轻易了解基金管理公司一年来发生的大事，就可以说这家基金管理公司是一家良心公司，其旗下产品值得投资者信赖。

文字相对枯燥，下面还是通过阅读"华安上证龙头ETF"（510190）基金2017年年报，帮助大家深入了解上面所说的内容。

如何查找基金年报？投资者可登录某一家财经网站或第三方平台，按照提示输入基金名称或代码，再查找基金公告子项，就能很容易找到所需的基金年报。

网站上一般会登载基金年报摘要，同时也有PDF格式的基金年报全文，投资者可自行选择。

图5-1所示即"华安上证龙头ETF"基金的基本概况。

通过阅读基本概况，投资者就能掌握基金基本情况，再对照相关内容，很容易把握基金年报的重点。

图 5-2 所示是"华安上证龙头 ETF"基金的产品说明。

基本概况		其他基金基本概况查询：请输入基金代码、名称或简拼	
基金全称	上证龙头企业交易型开放式指数证券投资基金	基金简称	华安上证龙头 ETF
基金代码	510190（主代码）	基金类型	ETF-场内
发行日期	2010年10月25日	成立日期/规模	2010年11月18日 / 11.303亿份
资产规模	0.81亿元（截止至：2018年12月31日）	份额规模	0.2865亿份（截止至：2018年09月30日）
基金管理人	华安基金	基金托管人	工商银行
基金经理人	苏卿云	成立来分红	每份累计0.00元（0次）
管理费率	0.50%（每年）	托管费率	0.10%（每年）
销售服务费率	---（每年）	最高认购费率	1.00%
最高申购费率	---	最高赎回费率	---
业绩比较基准	上证龙头企业指数	跟踪标的	上证龙头

图 5-1 "华安上证龙头 ETF"基金基本概况

投资目标	紧密跟踪标的指数，追求跟踪偏离度和跟踪误差最小化
投资策略	构建股票资产组合，但因特殊情况（如流动性不足、成分股长期停牌、法律法规限制等）导致无法获得足够数量的股票时，本基金可以选择其他证券或证券组合对标的指数中的股票加以替换。本基金投资于标的指数成分股和备选成分股的资产比例不低于基金资产净值的90%
业绩比较基准	上证龙头企业指数
风险收益特征	本基金属于股票基金，风险与收益高于混合基金、债券基金与货币市场基金，属于证券投资基金中风险较高、收益较高的品种。本基金为被动式投资的股票型指数基金，主要采用完全复制法跟踪标的指数的表现，其风险收益特征与标的指数所代表的市场组合的风险收益特征相似

图 5-2 "华安上证龙头 ETF"基金产品说明

基金产品说明一般在基金年报第 2 章第 2 节列出。从风险收益特征来看，该基金属于股票型基金。在投资策略这部分内容中应重点关注该基金的投资领域，从基金投资业绩比较基准能够找到答案。该基金投资目标基本锁定在大盘股，而不是中小盘股或是创业板股。

图 5-3 所示是"华安上证龙头 ETF"基金投资组合。

序号	项目	金额（元）	占基金总资产的比例（%）
1	权益投资	113,711,964.73	98.7
	其中：股票	113,711,964.73	98.7
2	基金投资	—	—
3	固定收益投资	—	—
	其中：债券	—	—

图 5-3   "华安上证龙头 ETF"基金投资组合

从图 5-3 中可以看出，该基金的投资风格十分激进，基金经理几乎将全部资产都投入到股票当中，可以说是满仓操作。这种投资风格前面提到过，如果看对行情，其收益率会十分可观。同样的道理，如果看错行情，基金的风险也比较大。这类基金比较适合愿意承受高风险的投资者；对于追求稳健的投资者，不建议投资这一类基金。

观察基金年报中披露的十大重仓股，读者可以进一步明确基金经理的投资风格。

图 5-4 所示是截至 2017 年 12 月 31 日"华安上证龙头 ETF"基金十大重仓股。

序号	股票代码	股票名称	数量（股）	公允价值（元）	占基金资产净值比例（%）
1	600741	华域汽车	63,100	1,873,439.00	1.63
2	600048	保利地产	130,387	1,844,976.05	1.61
3	600196	复星医药	40,800	1,815,600.00	1.58
4	600519	贵州茅台	2,555	1,782,086.95	1.55
5	600667	太极实业	198,600	1,779,456.00	1.55
6	601111	中国国航	143,787	1,771,455.84	1.54
7	600171	上海贝岭	108,400	1,763,668.00	1.54
8	601933	永辉超市	174,500	1,762,450.00	1.54
9	601888	中国国旅	40,400	1,752,956.00	1.53
10	600887	伊利股份	54,456	1,752,938.64	1.53

图 5-4   "华安上证龙头 ETF"基金十大重仓股

从重仓股明细看，该基金经理的投资偏好是行业龙头股，并且主要集中在制造业以及消费类股票上面。另外，该基金没有偏离投资方向，确实是按照基金产品说明中披露的情况进行操作的，至少是一只值得信赖的基金。

5.1.4 分析基金财务报表

证监会对基金管理公司根据会计制度编制出的财务报表有明确的要求。对投资者而言，分析基金财务报表也能帮助自己深入了解基金的财务状况，这也是投资决策当中一个十分重要的环节。正确分析财务报表，有助于投资者把握投资机会，减少投资风险，扩大投资收益。

基金财务报表分为资产负债表和收入费用表两部分。就财务报表而言，投资者需要做的，就是对这些数据进行分析整合，让静态数据得到动态的效果，进而让分析出的结论对投资起到帮助。

对初级投资者而言，由于缺乏财务知识，他们很难对财务报表进行有效分析。笔者在这里为读者提供一些简单的分析方法，以供参考。

（一）资产负债表

简单理解，资产就是钱和物。具体到基金的资产负债表，其包含基金资产、基金负债和基金净资产 3 部分，反映的就是在一个静态时点上基金的实际资产存量，以及基金管理公司为取得这些资产而形成的负债和股东权益的总量。

资产负债表信息量很大，具体表现形式有以下方面。

1. 负债 ÷ 资产 × 100%

该指标反映了基金的负债占资产的比重，即负债水平到底有多高。

2. 流动资产 ÷ 流动负债 × 100%

基金的流动资产主要体现在现金、存款、应收款、有价证券等资产上面，它们的流动性非常好。该指标反映的是基金的流动比率，如果数值能达到 2 以上，表明基金管理公司有足够的清偿能力和经营能力，财务状况非常健康。

3. 估值增值 ÷ 总资产

基金的投向主要是股票与债券，它们的价值会随着行情的变动而发生波动，属于并未变现的账面资产。这个指标反映的就是这种状况，通过该指标可以看出基金资产中不稳定的那部分收益占总资产的比例。

4. 现金（包括银行存款）÷ 资产

为了应对基金份额赎回以及红利发放和其他一些费用的支出，基金管理公司在投资运营过程中始终要留存部分现金。但现金属于非营利资产，因此留存比例不能太高，否则不仅会影响资金的整体使用，同时也暴露出基金管理公司管理能力薄弱的问题。一般来说，该指标值在 10% 左右算是比较合理的范围。

（二）收入费用表

收入费用表是动态报表，是指按照权、责、利的原则，通过多个时点上的多个数值，反映基金在会计年度内获取收入、发生费用，以及由此形成的基金净资产价值情况的报表。

收入费用表也能反映很多重要的信息，主要表现在以下方面。

1. 股票、债券买卖价差收入 ÷ 基金的经营收入

基金主要的收入来源就是买卖股票和债券所取得的价差收入，至于其他一些收入可忽略不计。该指标可真实反映基金管理公司的经营水平和实际经营效果。

2. 收入（总收入）÷ 总费用

该指标可反映基金管理公司在资金使用方面的效率情况。一般来说，该指标值越大，资金使用率就越高，资金使用情况越让人放心。

（三）注意事项

对财务报表进行数据分析时，要注意数值是否准确，同时还应注意以下 3 个问题。

1. 财务比率的横向比较

观察财务报表各项指标的时候，应该将数值与其他基金同等指标的平均水平进行横向比较，以此判断该基金的运营是否合理。

2. 财务比率的纵向比较

财务报表反映的是一段时间内的历史数据，仅以此对基金管理公司未来发展趋势进行预测是不可靠的。想要提高预测的准确度，需要将当年指标与公司前几年指标结合起来，进行纵向比较。

3. 注意全面衡量，善于进行综合分析

财务报表分析最忌以偏概全，想要正确评价基金管理公司的经营效益，一定要综合各项指标进行全面衡量，如此才能得出正确的结论。

投资是为了获利，因此，从投资者角度出发，可以直接用"投资报酬率"这个指标来观察基金的总体表现。

投资报酬率的计算公式：投资报酬率＝（期末净资产价值－期初净资产价值）÷ 期初净资产价值 ×100%。

该指标值越大，基金资产运营效率越高，投资者收益自然就越高。

投资报酬率还有另一种计算公式：投资报酬率＝（期末净资产价值－期初净资产价值＋利息＋股息）÷期初净资产价值×100%。

这个指标将投资基金所得的利息和股息计算进去，体现的是投资者红利再投资的复利收益。

财务指标是财务数据的整合，有其特定的含义。相较于基金信息的日常披露，基金年报揭示的信息更全面和权威，对投资者也更有参考价值。学会阅读基金年报，投资者就能更加深入细致地了解一只基金，进而发现基金产品的亮点。

5.2 基金小秘密

作为金融市场不可或缺的一部分，基金业也有自己行业内的"小秘密"，了解这些，可以让投资者少走很多弯路。

5.2.1 基金名字

截至 2018 年 3 月的不完全统计，我国的基金数量已经达到 5 000 只。这固然能说明我国基金业市场前景广阔，但也让投资者在投资时面临选择的困境。其实只要掌握基金起名的"小秘密"，投资者在申购基金时就能做到心中有数。

给自家基金产品起名字时，基金管理公司有固定的"套路"，基金名字基本由"公司名称＋基金特点＋（投资标的或好听的后缀）＋基金类型"这样的模式构成。

例如，"嘉实环保低碳股票"基金，按照基金名字的模式来解读，可知道其是嘉实基金管理公司发行的一只低碳环保行业的股票型基金。再如"南方中证 500 指数型"基金，毫无疑问就是南方基金管理公司发行的，以中证 500 指数为对象的指数型基金。

这类基金名称相对简单，复杂一点的是基金名字后面有一个后缀字母，如"广发天天利货币 A"，还有部分基金名称后面有"B"或"C"类字母，这又代表什么呢？不同字母寓意各不相同。有的代表不同的收费标准，有的反映基金风险程度的差别。如果弄不清楚，投资者在申购的时候就很容易吃亏。

1. 货币基金（A、B）

对于此类基金，后缀字母不同表示申购起点不同。A代表低门槛，有的基金允许1元起投；B代表高门槛，需要500万元才能起投，更适合资金量大的投资者。

2. 债券基金（A、B、C）

对于此类基金，后缀字母不同代表不同的收费方式。A代表前端申购；B代表后端申购，但如果投资者持有时间超过5年，申购费率为0；C代表无论买卖都不用交纳申购费，但基金管理公司或代销机构要收取销售服务费，以投资者持有1年计，费用在3‰左右。

3. 分级基金（A、B）

在分级基金中，母基金的基金份额被分为两类，其中"A类份额"表示收益固定，预期风险较低且享有优先收益权的部分；"B类份额"则代表浮动收益，预期风险和收益相对较高的部分。后缀字母A代表低风险的"A类份额"，后缀字母B代表高风险的"B类份额"。

5.2.2 基金改名

基金不会轻易更改名称，如果有这种情况出现，就说明基金要变换投资属性，这对基金来说是一件大事。那么基金为什么要改名字呢？一般来说，一只基金改名主要出于以下几方面考虑。

1. 自身操作的需要

较大规模的基金改名潮在历史上曾发生过，时间是2015年7月至8月中旬。一个半月的时间内，有72家基金管理公司共250只左右的股票型基金发布更名公告。原因在于证监会对股票型基金仓位的新规定，要求从2015年8月8日开始，股票型基金持仓比例下限从60%提高到80%。新规的出发点旨在保护市场，但副作用就是基金仓位调整不如以往那么灵活，一旦市场行情不好，高比例持仓会让基金净值遭受很大损失。出于这一点考虑，很多基金管理公司通过改名让原本的股票型基金变身为混合型基金，以保持基金操作的灵活度。

基金投资入门与进阶指南

2. 逃避责任

市场行情一旦不好,投资者首先抛弃的就是指数型基金,这就会造成基金规模大幅缩水,进而引发基金管理公司为基金改名的欲望,让指数型基金向混合型基金转变。但这种转变对市场的影响是较大的,它意味着一只基金投资属性的转变,无论是投资目标,还是投资范围、投资策略、基金申购费率乃至业绩比较基准等都将跟随转变。基金改名除了对基金经理的能力提出了更高的要求,也会使投资者的风险收益比发生巨大的变化。

投资者遇到基金改名这种情况时需注意两件事:一是看现任基金经理的能力是否匹配新基金投资风格;二是看基金是否还在维持原有股票仓位。如果基金管理公司不能很快加以调整,说明基金仅仅是为了改名而改名,投资者就要慎重考虑是否继续持有这只基金。

3. 与基金规模有关

一些基金管理公司出于基金规模的考虑也会有对基金进行改名的欲望。例如,2015 年 7 月,华商基金管理公司发布公告称,旗下"华商中证 500 指数分级"基金改名为"华商新趋势优选灵活配置混合"基金。该基金改名的原因就是这只基金资产净值此前已经连续 4 个季度不足 1 亿元,基金规模更是出现连续 60 个工作日低于 5 000 万元的情形。按照相关规定,如果这种情况在未来一段时间内依然没有明显好转,那么基金就需要清盘了。

改名不是基金摆脱困境的"良药",一旦基金改名,它实际上就是一只新基金,其成立时间应该重新计算,历史业绩也要重新考察。

5.2.3 基金清盘

所谓基金清盘,就是指把基金资产全部变现,将所得资金分给持有人的行为。

基金清盘有一个前提,就是基金净值连续 60 天未达到要求,且基金持有人数少于 1 000 人。分级 B 基金属于高杠杆与高风险的投资品种,证监会对其清盘还有一个额外的标准,就是只要连续 10 天持有人数低于 1 000 人,或持续 10 天基金规模低于 5 000 万份就可以强行退市。之所以如此规定,主要还是出于保护投资者利益的目的,同时警告那些过度投机者。

不要说新基金投资者,即使是经验丰富的老基金投资者,对基金清盘也不是很了解，因为历史上这样的例子真的很少。少不代表没有，下面还是通过一个实例，真实了解一下基金清盘之后的运作，以及会给投资者带来何种风险。

银华基金管理公司曾在 2017 年 6 月发布公告，称其旗下一只"银华永益分级债券"基金终止合同并进行基金财产清算。该公告对基金清盘的表述大致如下："依据基金财产清算分配方案，清算后的全部剩余资产在扣除相关费用、补缴税款并清偿债务后，剩余资产按持有人基金资产占总资产的比例进行分配。"

因此，基金清盘后并不是所有资产都归投资者，而是要先还债、补税、扣成本，如果还有剩余，才进行分配。从历史数据看，大多数基金在清盘时，基金净值还是高于 1 元的。这种情况下的基金清盘就相当于强制赎回，投资者损失不大。但如果基金业绩很差，清盘时基金净值达不到 1 元，这时投资者就很难避免亏损了。

基金产品之所以以前很少发生清盘，主要在于过往发行基金都是审批制，一家基金管理公司一年能发行一两只基金产品就很不错了，"壳资源"相对宝贵，所以基金管理公司不愿意轻易放弃。但时代不同了，证监会为了扶持基金业的发展，对基金发行采取宽松的政策，只要条件允许就可以发行基金，这就造成基金产品越来越多，基金"壳资源"价值也开始贬值。随着资金扎堆的现象愈发普遍，好基金越来越受欢迎，而普通基金则难免沦为附庸。笔者在这里也建议大家，在投资时尽量避开那些规模小、成立时间短、历史业绩不好的基金。在未来的市场格局下，这些基金很容易被清盘处理。

5.2.4　新老基金挑选

投资者面临的一个重大问题就是如何挑选基金，是认购新发行的基金，还是申购原有的老基金呢？

如果去问基金经理，他一定会向投资者推荐新基金，理由无外乎老基金申购费率高，老基金净值比较贵，新基金没有历史包袱，不用考虑为老基金投资者"抬轿"的问题，操作也更为灵活，等等。这听起来很有道理，但过往经验表明，选老基金比较利于投资者。为何如此？主要基于以下几点考虑。

1. 新基金有反向指标作用

为什么说新基金是一个反向指标呢？通过总结新基金发行规律发现，凡是新基金发行数量最多、规模最大的时候，往往对应一波行情的高点，或者说即将接近高点的位置。股市上一轮行情高点出现在 2015 年 6 月，点位在 5 178 点，而上涨最疯狂的阶段则是在之前的 4 月和 5 月。就是这两个月里面，新基金发行十分火爆，4 月初东方证券"东方红"系列一只新基金发行，3 天时间就募集资金 138 亿元；紧随其后的景顺长城一只新基金募集 110 亿元；4 月底，易方达基金管理公司一只新基金一天就募集 146 亿元；5 月 11 日，中邮基金管理公司一只新基金发行，当天规模就突破百亿元大关，该公司当天下午就出公告，宣布基金募集提前结束。新基金发行之所以火爆，就在于投资者情绪在牛市时表现得过度亢奋，恨不得早日进场获取收益，殊不知，当后知后觉的资金都进场时，往往意味着行情进入到最后的疯狂阶段，市场泡沫出现，风险正在聚集。

基金成功发行后，无论后市怎样都要进入建仓期，这是基金发行的最后一个环节，也是新基金往往成为股市反向指标的真正原因。作为投资者，有效规避风险是重要考虑因素，因此，不选新基金就是投资者自我保护的一种措施。

2. 新老基金的异同

同样是基金，新老基金的区别在哪儿呢？

一是信息披露方面。相对而言，老基金各种信息披露比较全面，招募说明书以及基金季报、半年报和年报等都是定期公布，只要投资者想研究，这些信息是可以获取的。新基金在这些方面的信息很少，除了知道基金经理名称、基金类别和招募说明书，其余信息几乎没有，且没有历史数据可供参考，这对投资者投资计划的制订是极为不利的。

二是营销方面。基金管理公司会对新基金采取各种促销手段。投资者时常会碰到这种情况，基金管理公司发行新基金时会以老基金经理的名头做宣传，很多投资者正是认可该基金经理的历史业绩，才会选择申购新基金。但实际上这种决策很有风险，因为市场上已经不止一次出现过这样的例子，那就是即使是老基金经理在操作，新基金业绩也不甚理想。最不能接受的是另外一种情况，即新基金成立一段时间后，基金管理公司会给基金增加基金经理。这个时候投资者才明白，基金管理公司原本就是让新基金经理管理这只基金，老基金经理仅仅是挂名而已。

三是市场行情方面。在市场行情高涨的末期发行的新基金由于要建仓，往往担任最后一棒的角色，基金净值在随后市场下跌时或许跌幅会较大。相反，老基金虽然初始仓位较重，但可以随行情变化主动减仓，反而容易规避市场风险。等到行情恢复上涨时，老基金由于市场份额较多，基金净值反而上涨很快；而新基金由于初始仓位较轻，净值增长相对缓慢。

3. 资金的流动

新基金发行结束就进入封闭期，期间不能进行任何操作。即便恢复开放，如果建完仓的新基金遭遇股市暴跌，净值损失比较大，投资者的赎回申请也容易遭到基金管理公司的拒绝。但老基金不存在这个问题，如果投资者想退出，直接赎回就好，资金也会很快到账。在这一点上，老基金相比新基金有很大的优势。

4. 申购费率的高低

有人时常拿新老基金的申购费进行比较，以此证明新基金比老基金好。通常情况下，老基金的申购费率是 1.5%，新基金的申购费率是 1%，新基金在申购费率上相比老基金略有优势。但现在是互联网金融时代，投资者往往选择在第三方交易平台进行基金买卖，而平台在申购费率上优惠很大，最低可以达到 1 折。如果是同等折扣，新基金的申购费率是 0.1%，老基金的申购费率是 0.15%，相差不过 0.05%，基本可以忽略不计。当然，申购费率具体优惠到何种程度还要看具体的基金产品，这就需要投资者自己辨别了。

5. 净值的高低

新基金净值都是 1 元起步，而业绩比较好的老基金，净值大都在 2 元甚至 3 元左右，因此，很多投资者就觉得新基金比较便宜。但实际上，根据净值高低来选择基金没有太多意义。投入 1 000 元本金的投资者，既可以买 1 000 份新基金，也可以买 500 份净值为 2 元的老基金。假设两只基金都上涨 30%，新基金净值变成 1.3 元，老基金净值变成 2.6 元，投资者收益其实都是 300 元，完全没有区别。由此可见，选择基金最重要的是看基金后续的上涨潜力，这一点新基金和老基金相比并不占优势，至少在胜负概率上是彼此相当。

综合比较上述 5 个指标，可以说老基金获胜概率更大一些。至于新基金，如果它的业绩经得起市场考验，投资者也可以考虑，只是在这之前，投资新基金还是要慎重一点。

第 6 章

基金波动与风险

金融市场波动是价格发现的源泉，是机会的提供者，也是风险的孕育者。基金市场作为金融市场的一部分，其利润的来源也在于金融市场波动。

6.1　基金指数

以现行的证券投资基金为基础，旨在帮助投资者从整体上把握基金市场的波动，客观反映基金市场整体运行状况的指数，叫基金指数。

6.1.1　上证基金指数

上证基金指数，简称"基金指数"，代码为 000011，是上交所于 2000 年 4 月 26 日编制并发布的，旨在反映基金市场综合变动情况的基金指数。

上证基金指数的样本全部来自在上交所上市的证券投资基金，计算方法采用了派许指数公式，指数行情同其他指数一样通过行情库实时发布。

在现有的指数体系中，如上海证券综合指数（以下简称"上证综指"）、上证 50 指数等均属于股价指数，但上证基金指数与股价指数不同，它属于基金价格指数，不会纳入股价指数的编制范围。

图 6-1 所示是上证基金指数自上市以来的季线图。

从图 6-1 中可以看到，上证基金指数经历了两轮较大的起伏，从侧面展现了我国基金市场十余年来逐渐发展壮大的历史轨迹。

图 6-1　上证基金指数季线图

6.1.2　深证基金指数

由于有封闭式基金的存在，深圳基金指数其实有两个，以老基金为样本的原"深证基金指数"已经于 2000 年 7 月 3 日起终止发行。现在的基金指数叫"深市基金指数"，是以证券投资基金为样本编制的。与上证基金指数不同的是，深市基金指数采用的是派氏加权综合指数计算法，权数为各证券投资基金的总发行规模。

通常情况下，上证基金指数更具有市场指导意义，投资者也更愿意用上证基金指数来衡量基金市场的整体状况，原因在于两个交易所的市场定位有差异。上交所的股票多以国企大市值股票为主，深圳证券交易所（以下简称"深交所"）则多以中小市值新兴产业股票为主。深交所由于股票市值相对较小，较大规模的基金进出很不方便，容易引发市场的波动。

6.1.3　基金指数的作用

基金指数不但可以真实反映基金市场的整体运行状况，帮助投资者提高投资效率，还有以下其他 4 个方面的作用。

1. 判断市场行情

逆势而动的基金不是没有，但少之又少，绝大多数基金都是跟随整体市场的波动而波动。这个时候，基金指数就是一个方向指标，投资者可以通过观察基金指数的走势情况来判断个体基金后面的走势。

图 6-2 所示是基金指数与上证 50 基金和沪深 300 基金月线级别收盘价叠加图。

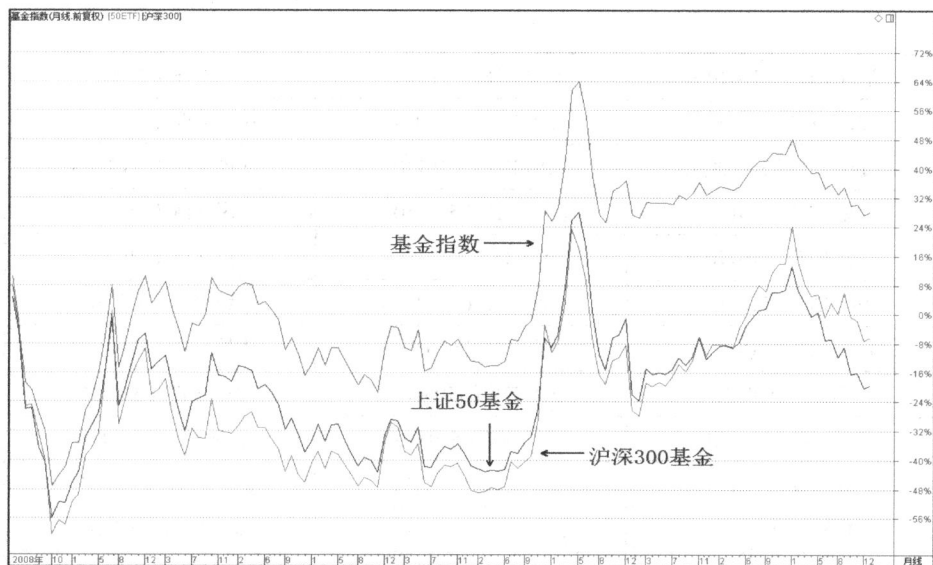

图 6-2　基金指数与上证 50 基金和沪深 300 基金月线级别收盘价叠加图

从图 6-2 中可以看到，无论是多还是空，基金指数在大方向上与其他基金的走势完全一致。既然如此，投资者完全可以在申购基金前或是在持有基金的时间段内，将基金指数走势作为行情的风向标，以此来判断自己手中基金的后续走势。如果基金指数向好，大部分基金都应该向好；如果基金指数走弱，大部分基金也应该走弱，投资者可根据实际情况决定自己手中基金的去留。

2. 帮助挑选基金

基金指数能够帮助投资者挑选适合自己的基金。这听起来好像不可思议，其实这里面有很深的道理。基金指数的构成需要一定数量的基金样本，将一些典型的基金样本组合在一起，再通过一定的指数编制方法，才能够得到基金指数。既然如此，投资者在选择基金时如果感到无从下手，倒不如缩小范围，只在构成基金指数的样本基金中挑选。能够入选基金指数的样本基金一般而言都是市场上比较成熟的老基金，它们运营规范、信誉良好、历史业绩优良，能够给投资者带来一定的回报，这样的基金更值得信赖。另外，形成基金指数的样本基金，其走势几乎与基金指数同步，即使略有差异也不会很大，这就为投资者跟踪基金走势提供了便利。投资者只要锁定基金指数走势，就可以大致了解手中基金的运行方向，为自己节省大量的时间与精力。

图 6-3 所示是上证基金指数成分股中部分基金名单。

2019 年 1 月 3 日发布

治理 ETF（510010）	超大 ETF（510020）	价值 ETF（510030）
50ETF（510050）	央企 ETF（510060）	民企 ETF（510070）
责任 ETF（510090）	周期 ETF（510110）	非周 ETF（510120）
中盘 ETF（510130）	消费 ETF（510150）	小康 ETF（510160）
商品 ETF（510170）	180ETF（510180）	龙头 ETF（510190）
综指 ETF（510210）	中小 ETF（510220）	金融 ETF（510230）
新兴 ETF（510260）	国企 ETF（510270）	成长 ETF（510280）
380ETF（510290）	300ETF（510300）	HS300ETF（510310）
华夏 300（510330）	广发 300（510360）	国寿 300（510380）
平安 300（510390）	资源 ETF（510410）	180EWETF（510420）
50 等权（510430）	500 沪市（510440）	500ETF（510500）
广发 500（510510）	诺安 500（510520）	国寿 500（510560）
ZZ500ETF（510580）	平安 500（510590）	沪 50ETF（510600）
消费行业（510630）	金融行业（510650）	医药行业（510660）
万家 50（510680）	上 50ETF（510710）	上证 50（510800）
上海国企（510810）	红利 ETF（510880）	H 股 ETF（510900）
国债 ETF（511010）	城投 ETF（511220）	周期债（511230）
十年国债（511260）	10 年地债（511270）	中期信用（511280）
国债十年（511290）	十年债（511310）	货币 ETF（511600）
货币基金（511620）	华夏快线（511650）	建信添益（511660）

图 6-3　上证基金指数成分股中部分基金名单

要想让基金指数覆盖整个市场，样本基金就需要涵盖不同种类的基金产品。例如，图中 50ETF（510050）是股票指数类基金，国债 ETF（511010）是国债指数类基金，建信添益（511660）则是货币市场基金，不同的基金种类完全可以满足投资者不同的投资需求。

查询基金指数的样本基金很容易，通过专业的第三方基金平台和一些网站都能够查到。当然，最简便的方法就是在交易软件上直接调出基金指数画面，然后利用"F10"功能键进入到基金指数后台，其中"成分股"子项中有详细的样本基金明细。

3. 辅助股市判断

基金作为股票市场的稳定器，已经成为市场上不可或缺的一股力量，其一举一动都会影响股市的变动。正因如此，基金指数可以帮助投资者辅助判断股市行情，有时候还是一个非常不错的股市先行指标。

图6-4所示是基金指数（000011）与上证指数（000001）在2017年1月至9月的日线上涨对比图。

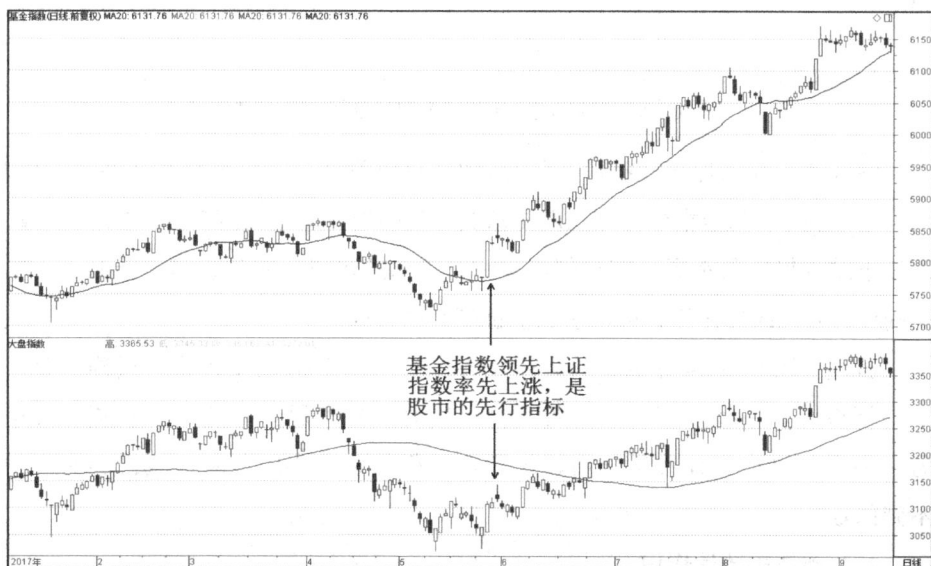

图6-4　基金指数与上证指数日线上涨对比图

基金指数在图的上半部分，下半部分则是上证指数，两个指数均添加了20日均线。在图中箭头所指的地方，基金指数率先突破了20日均线的压制，开始领先上证指数上涨，并在随后高歌猛进，发动了一轮上涨行情，其力度与空间都远远超过上证指数。由此看出，基金指数是这轮行情主要发起者，在不知不觉中起到了先行指标的作用。

图 6-5 所示是基金指数（000011）与上证指数（000001）在 2017 年 7 月中旬至 2018 年 5 月的日线下跌对比图。

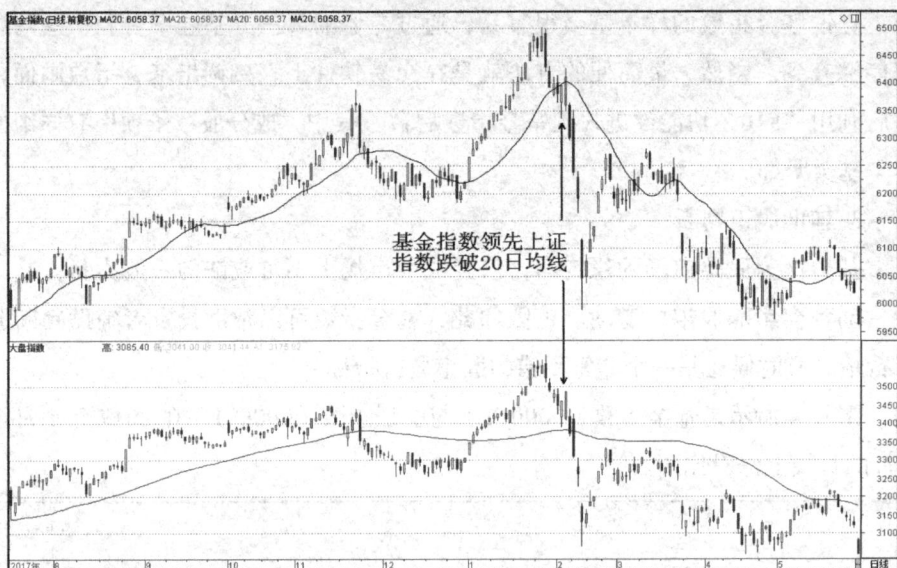

图 6-5　基金指数与上证指数日线下跌对比图

图 6-5 同样添加了 20 日均线。从图中可以看到，当上证指数还在 20 日均线附近徘徊时，基金指数已经在图中箭头所指的地方率先突破 20 日均线的支撑，开始下跌，提前预示了后市行情将被看淡。从这里可以看出，基金指数在下跌时同样具有风向标作用，可以引领上证指数的方向。

通过对图 6-4 和图 6-5 的分析，可以看出基金指数在有些时候确实是一个先行指标。一些投资者在投资基金的同时也投资股票，这就为投资者带来另一种看盘思路：查看基金指数对股市进行某种趋势的判断，或许会有意想不到的效果。

4. 与国债指数反作用

债券基金就是专门投资国债的基金。什么时候是投资债券基金的好时机呢？查看基金指数就能找到答案。

图 6-6 所示是基金指数（000011）与国债指数（000012）在 2017 年 11 月至 2019 年 1 月的日收盘价折线对比图。

从图 6-6 中可以清楚地看到，基金指数的走势与国债指数的走势刚好形成一种"跷跷板效应"，即基金指数大幅下跌的时候，国债指数却是一路上扬。

之所以会这样，完全是市场资金主动选择的结果。股市好的时候，为了追求更高的回报率，大部分基金当然愿意投资股市。一旦股市行情走弱，资金为了避险，会通过基金转换的方式转到低风险的债券市场，无形中就推高了国债指数，这就是两个指数呈现出"剪刀差"的真正原因。

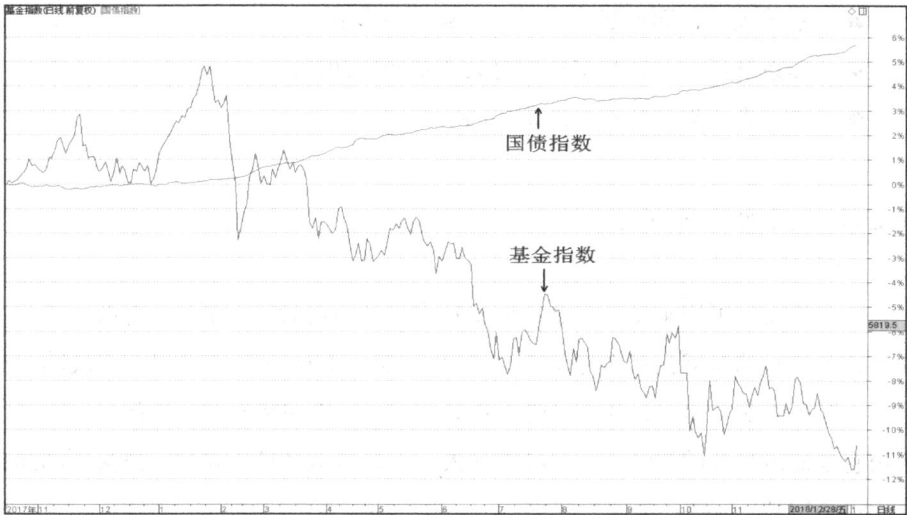

图6-6　基金指数与国债指数日收盘价折线对比图

搞懂内在的逻辑关系，确定投资策略就非常简单了。投资者只需盯紧基金指数，等到其下跌趋势确定展开的时候，就是投资国债基金的好时机。

6.2　波动率与收益率

价格波动会产生价差，价差能创造收益。尽管相比于股票市场来说，基金市场的价格波动相对平稳，但下述两个指标依然发挥着作用，并且是决定基金投资成功的关键。

6.2.1　基金波动率

反映金融资产价格波动程度的指标叫波动率。波动率是一个变量，它能反映金融资产风险水平，同确定资产收益率的难易程度是一种负相关的关系。波动率高，资产价格波动剧烈，资产收益率难以确定；波动率低，资产价格波动平缓，资产收益率容易确定。

衡量基金投资回报率变化程度的指标就是基金波动率。波动率产生的原因主要来自以下 3 个方面。

- 系统风险，即宏观经济对产业部门的影响。
- 非系统风险，即特定事件对某个企业的冲击。
- 投资者心理变化对标的价格的反作用。

6.2.2 波动率的应用

基金波动率可用来衡量基金净值变动水平或风险程度。例如，有两只基金，如果在 6 个月的时间内基金净值都从 1.00 元涨至 1.10 元，区别仅在于波动大小不同，那么波动小的那只基金更受投资者欢迎。标准差指基金可能的变动程度，常用它来衡量基金的波动率。标准差越大，基金净值变动越剧烈，风险就越高；反之也是同理。

各基金网站上都可以查到标准差这个指标。如果某只基金 1 年期标准差是20%，表明基金净值可能上涨 20%，也可能下跌 20%。选择混合型基金的时候，要将波动率指标与后面讲到的收益率指标结合起来看。投资者很可能只看到基金净值出现 20% 的正收益，但一旦买进，却有可能赶上 20% 的下跌，因此，如果进入的时机不对，还是难逃亏损的命运。对波动率的最好应用就是在操作时做到区别对待。投资者如果觉得自己本金较少，愿意满仓买入，那一定要选择波动率小的基金，这时要计算"每单位风险收益率"。这个指标很好计算，就是收益率比上标准差。指标数值越大，表明基金表现越稳定，这样的基金是投资首选。但是，如果是做基金定投，投资者就要选择波动率大的基金，这样定投收益率会更高。这样做的原因在于，基金定投的理论模型是正弦曲线，波动率大意味着基金跌幅大，价格曲线下沉更深，投资者有机会获得更便宜的筹码，从而降低平均持仓成本，收益当然就更高。提醒读者一点，波动率指标只对选择股票基金和混合基金有帮助，不能运用于指数基金。

6.2.3 年化收益率及应用

投资者经常会遇到这种情况：准备申购基金的时候，不同的基金管理公司会以累积收益率指标作为切入点，以此证明自家基金历史表现优异。

所谓累积收益率，就是指基金自成立以来的收益率。如果两只基金累积收益率不同，分别是 50% 和 40%，此时投资者应如何选择呢？看起来收益高的基金更有优势，但实际上累积收益率指标低的那只基金或许会更好。这里容易忽略一个变量，就是基金成立的历史期限有多久。假设累积收益率低的基金成立时间是 2 年，而累积收益率高的基金成立时间是 3 年，通过横向比较，成立时间短的基金的年化收益率反而要高于成立时间长的基金的年化收益率。这里出现了一个新的名词——年化收益率。

所谓年化收益率，指的是在 1 年期限内投资基金获得的收益率。该指标仅仅是一种理论收益率，即使投资期限不足 1 年，也可以用当前收益率，如日收益率或周收益率等换算成年化收益率。通常情况下，年收益率主要针对固定期限、固定收益的金融产品，如银行 1 年期存款利率就是典型代表，这是一个预期非常明确的收益。年化收益率主要针对浮动收益的金融产品，计算时是把短期收益按照 1 年期限测算成可能获得的收益。

年化收益率如何计算？下面用实例说明。假设某银行有一款理财产品期限为 91 天，对外宣传其年化收益率是 3.1%。如果投资者购买 10 万元该产品，到达约定期限后该投资者实得收益 $= 100\,000 \times 3.1\% \times (91 \div 365) = 772.88$（元）。

一些基金管理公司喜欢分割基础数据的时间段，以此在年化收益率计算上给投资者设陷阱。如果基金成立时间较长，最近业绩又表现一般，提高年化收益率的方法就是选择基金业绩好的时间段计算。例如，股市在 2015 年～2016 年处在股价上升阶段，很多基金就喜欢用这个时段的数据来计算年化收益率，基金业绩自然不错。但计算的时间段如果向后推 1 年，那时大盘开始下跌，指标恐怕就是另外一个结果了。所以在看年化收益率的时候，投资者要把起点直接归零，观察该基金自成立以来的年化收益率，这样数据会相对客观一些。

6.3 基金风险指标

"股神"巴菲特在投资中始终坚持两项原则：一是保全本金，二是时刻回顾第一条。由此可见，防范风险是投资中最重要的事。基金市场也是如此，在收益与风险之间，投资者首先想到的是要控制风险。这个过程中，下列指标或许会对投资有所帮助。

6.3.1 贝塔系数

贝塔系数（β）来源于统计学，本身是一种风险指数，也是常用基金投资术语，是衡量结构性风险与系统性风险的重要参考指标之一。

如果将基金收益变化幅度与大盘变化幅度做比较，可以得到 3 种结果，贝塔系数表现的就是这种关系。指标的数值用绝对值表示，绝对值越大，基金变化幅度相对于大盘越大；绝对值越小，基金变化幅度相对于大盘越小；如果数值为负，则基金变化方向与大盘变化方向相反。投资基金就是为了让专家帮忙理财，因此，该指标也能侧面反映基金经理的投资能力与水平。

贝塔系数是一个相对指标，数值的大小能反映基金业绩与大盘之间的关联度。以数值 1 为分界线，系数越高，意味着基金业绩和大盘的联动就越高，基金经理要"靠天吃饭"；系数越低，代表基金业绩和大盘的联动就越低，基金经理能体现出个人价值所在，这是跑赢大盘的基础。

如何计算贝塔系数？首要一点就是确定大盘的涨幅，这是比较的基准。例如，A 基金的贝塔系数为 0.46，投资回报率为 45%；B 基金的贝塔系数是 1，投资回报率为 50%。如果大盘涨幅是 15%，那么哪只基金表现更好呢？贝塔系数是 1，说明 B 基金是与大盘联动的，可直接进行计算，即实际业绩（50%）—大盘涨幅（15%）= 35%，这就是 B 基金的真实业绩。A 基金的计算分 2 步：第 1 步是用贝塔系数与大盘涨幅进行乘积计算，即 46%×15% = 6.9%，数值代表 A 基金从大盘上涨中得到的好处；第 2 步是计算真实业绩，即实际业绩 45% —大盘上涨收益（6.9%）= 38.1%。比较计算结果，可以知道 A 基金表现更好。

6.3.2 最大回撤率

正确认识自身的风险偏好以及风险承受能力，在接受某种风险程度的基础上挑选合适的基金，即不仅要看收益，还要预估风险，这是投资者在投资前应该做的工作。

除了贝塔系数之外，还有一个风险评价指标十分重要——最大回撤率。某种程度上，该指标比波动率还要重要。

最大回撤率指的是从基金创下最高净值后下跌至最低净值的差。该指标能清晰描述买入基金后可能遇到的最糟糕情况，其作用体现在以下两方面。

1. 通过该指标排除不适合投资者的产品和策略。一般来说，该指标与风险是正相关关系，如果指标值超出投资者心理承受能力，表明该基金产品不适合投资者，应尽量选择指标值较小的基金进行投资。

2. 通过收益与回撤的比较，可以选出最有优势的产品。之所以要重视风险，是因为控制亏损远比获取收益重要。一只基金的净值从 2 元跌到 1 元，看起来回撤只有 50%，但要重新回到原来的净值却需要上涨 100% 才能做到，可见跌幅与涨幅不是等比递进的。

投资者要特别重视最大回撤率这个指标。很多投资者在实际操作中都喜欢追涨，这就意味着基金净值在行情走弱后会出现大幅回撤。难以忍受浮亏的投资者多数会选择在净值低点或净值反弹途中将产品赎回。就算基金后来再创新高，多数投资者依然会出现巨大的亏损。如何计算最大回撤率？假设某只基金产品净值为 1 元，此后上涨到 1.6 元，行情转淡后净值又跌到 0.8 元。这个过程中净值由最高点到最低点下降了 0.8 元，用下跌数值 0.8 元除以净值最高点 1.6 元得到 50%，这就是最大回撤率。

这样的最大回撤率意味着投资者的本金已经损失 50%，后市要想回本需要有翻倍的业绩才行，困难可想而知。实际应用过程中，最大回撤率不是越小越好，需要结合当时情况具体分析。如果大盘处在下跌态势，而基金的最大回撤率小于大盘，可以说这只基金的表现还是相当出色的，属于另一种形式的跑赢大盘。如果是震荡行情或者是上涨行情，基金仍有较大的回撤，那基本可以断定这只基金的表现一般，不能再投了。从历史角度考察，如果一只基金经历过熊市，则最大回撤率具有较高参考价值，因为它反映了该基金运营历史上曾出现过的最大亏损。最大回撤率对于成立时间较短的基金而言参考意义就不大了。

有 3 点原因可以形成最大回撤。首先，股市发生系统风险，这种回撤是市场整体下跌行情的直接反映。其次，与基金经理择时能力有关。最后，与基金的操作有关。投资属性相近的基金在市场中容易出现"抱团取暖"的现象，有的甚至能进入股票前 10 名流通股东名单。好行情自然有利于净值的上涨，一旦行情转跌，由于基金持仓较重，为了规避风险就只能抛售股票，进而出现"踩踏效应"，让股价快速下滑并形成持续性的下跌力量，使得基金遭遇到较大的回撤。

大盘系统风险和操作时机选择很难把握，想要避免最大回撤可采取的办法只有两个：一是坚决做到分散投资，将投资分散在多个低相关的资产类别中；二是尽量避免使用杠杆，因为使用杠杆会将短期回撤放大，甚至造成不可逆的资产损失。

选择混合型基金的时候，还可以使用收益回撤比指标，其计算公式是：收益回撤比＝资金收益率 ÷ 资金回撤率。

该指标值要求越大越好，越大则说明基金能力越强、最大回撤越小。假设 A 基金的年化收益率为 16%，最大回撤率为 8%；B 基金的年化收益率为 12%，最大回撤率为 5%。通过计算，A 基金的收益回撤比为 2，B 基金的收益回撤比为 2.4。尽管 B 基金收益不如 A 基金，但收益回撤比告诉投资者，选择 B 基金更有可能获取收益。

6.3.3　夏普比率

夏普比率是威廉·夏普在 1966 年提出的，能综合反映基金风险与收益能力，进而标准化评价基金绩效的一个指标。凭借这一领域的发现，威廉·夏普获得了诺贝尔奖，也让该指标成为国际上常用的衡量基金绩效表现的一个指标。

现代投资理论研究表明，投资者如果对预期报酬要求越高，其忍受波动风险能力越强；反之，如果投资者对预期报酬要求越低，其抗波动风险能力也越低。所以成熟的投资者所追求的，就是在所能承受的风险下追求最大的报酬，或在固定预期报酬下追求最低的风险。威廉·夏普就是看清楚这一点才创立了夏普比率指标，其核心思想非常简单，就是投资者在建立有风险的投资组合时，至少应该要求达到无风险投资回报。风险在投资组合中的表现具有夯实基础的作用，投资者需要的就是一个可以同时对收益与风险加以综合考虑的指标，以期能够排除风险因素对绩效评估的不利影响。夏普比率刚好具备这个作用。

基金净值增长率的平均值减去无风险利率，再除以基金净值增长率的标准差，就得到夏普比率。

夏普比率以资本市场线作为评价基准，以此评估投资绩效。指标值为正值，说明在衡量期内基金平均净值增长率超过了无风险利率（银行存款利率）。指标值越大，表明基金单位风险所获得的风险回报越高。指标值为负值，说明将资金用于投资还不如将其存入银行。这也表明，夏普比率能反映单位风险基金净值增长率超过无风险收益率的程度。

高收益意味着高风险，因此，衡量基金表现必须兼顾收益和风险两个方面，仅仅根据净值增长率来评价基金业绩的做法是不可取的。夏普比率指标值大小对基金表现影响的理论基础在于，它事先假定投资者能以无风险利率进行借贷，这样，指标值高的基金相比指标值低的基金总是能够在同等风险情况下获得更高的投资收益。

对普通投资者而言，根本不可能实现无风险利率借贷，所以读者掌握指标数值意义即可，这部分内容了解就好。实践表明，月度夏普比率与年度夏普比率使用效果较好，这一点读者要注意。

第7章
指数基金

投资取胜的关键，就是要选择适合自己的基金。基金种类不同，特点就各异，了解其中的差异是基金投资者必须要做的功课。尤其是指数基金，若能好好利用，投资者就可实现投资获利的愿望。

7.1 指数基金常识

7.1.1 什么是指数基金

以特定指数为标的，以指数成分股为投资对象，通过购买指数全部或部分成分股构建投资组合，追踪标的指数表现的基金产品叫指数基金。

指数基金起源于美国，推出时反响不佳，反对者远多于支持者。但世事难料，二十多年的时间让投资者逐渐意识到指数基金具备紧随市场、永久存续、不受基金经理主观因素影响以及基金费率低等优点。指数基金投资的出发点就是复制相关指数走势。根据复制程度的不同，指数基金分为完全复制型指数基金和增强型指数基金两类。

完全复制型指数基金采取完全被动的策略，无须基金经理对时机和股票进行选择，只需按照基准指数的成分股和权重进行配置即可，以最大限度减小跟踪误差为目标，杜绝由于基金经理决策错误导致基金净值暴跌情况的发生。指数上涨，指数基金净值就会上涨，基金走势完全跟随指数而不用主动调整，这是指数基金与股票基金和混合基金比较后所体现出的最大优势。

增强型指数基金就是在大部分资产做被动投资的基础上，将剩余一部分资产加入基金经理的投资策略，目标就是在紧密跟踪基准指数的同时获得高于基准指数的收益。加入主动管理因素后，指数基金的投资收益可能更多，当然风险也随之加大。基金经理如何做增强呢？主要通过择时、选择风格或行业偏离法、行业中间策略和多因子量化这4种方法来实现。具体操作包括调节股票仓位，配置当前热点股票，在各行业成分股中按比例挑选波动率最小的股票，将贝塔系数分解成市值、价值、红利、波动等多重因子进行模型开发。指数基金分场内、场外两种，投资者可通过场外基金账户申购或是到基金管理公司网站购买场外指数基金。至于场内基金，投资者可通过股票账户直接在二级市场购买。

7.1.2　指数如何编制

全球第一个股票指数是道琼斯指数，通过对该指数的观察可以知道，指数能否永葆生命力，主要在于其编制规则是否科学与合理，因为这决定了指数会选择什么样的股票作为它的成分股。中证指数有限公司目前是行业顶尖的指数编制公司，国内常见的上证指数、深圳成指以及沪深300指数等都是由中证指数有限公司编制的。在中证指数有限公司的官网，有关于各指数编制方案的详细说明，感兴趣的读者可以登录查看。一般来说，指数的编制都需要经过以下4个步骤，这里为读者简要介绍一下。

1. 选择样本股

选择一定数量的、有代表性的上市公司股票作为样本股是指数编制的基础。这里的一定数量指的是诸如50、100这样的常用固定数字。最能代表市场的样本股则包含以下两方面含义：一是样本股市价总值达到市场总体一定的比例；二是样本股走势能反映股市整体价格走势。

2. 确定指数计算方法

目前的计算方法有简单算术平均法和加权指数法两种，其中指数加权法的应用更为普遍。

3. 确定指数的起始日

一般以样本股当天价格为基础，开始计算初始指数的点数。

4. 对成分股定期进行优化与调整

将最能代表市场的股票选入指数，将不符合的股票调出指数。

编制方法如果有差异，会导致指数间存在差异，进而影响指数的估值和盈利能力。例如指数样本股，不同市场有不同的选择。此外，根据什么条件选择样本股也有讲究。一般而言，选择样本股主要看流通市值，但特殊指数会加入其他因素，如红利指数会更加看重样本股的股息率、分红次数等条件。在不同行业选择样本股也有区别。同样是红利指数，深市样本股多选择家电和食品饮料板块的股票，沪市则多选择银行、公共事业和汽车板块的股票。这些差异看起来微小，其实对投资者判断指数的投资价值很有帮助。

样本股的选择应看重哪些因素还会影响到指数的风险收益特征。以医药行业指数为例，沪深 300 医药指数是以大市值医药企业为主，其表现就相对稳健，波动率和最大回撤率也做得更好。相反，中证 500 医药指数以中小市值医药企业为主，它的波动率和最大回撤率就相对大一些。

另外，大多数指数会设置股票和行业的占比上限。股票上限主要是限制个股因为权重较大而过分影响指数，避免指数变成个股。行业上限则是为了避免综合指数变成行业指数。比如沪深 300 医药指数，由于不设置股票占比限制，前 10 名成分股的指数占比高达 78.88%，这就意味着权重股的涨跌基本决定了指数的涨跌。

通过编制方法，可以了解指数样本股的构成以及不同的风险收益特征，这也决定了投资者选择指数基金的方向。

7.1.3　指数基金操作原理

选定指数后，就应该选择指数基金了。投资者首先要做的就是了解指数基金的操作原理。指数基金属于被动型基金，通过投资样本股来复制指数，进而分享指数上涨带来的收益。许多投资者觉得指数基金的运作很容易，基金经理无非就是对照指数权重买样本股而已，但实际上，指数基金的操作非常复杂。

建仓、再投资和跟踪调整是指数基金投资管理的全过程。

（1）标的指数的选择。不同的投资者有不同的风险偏好和收益预期，因此，对标的指数也就有不同的选择。但是，不同投资者都是在承担风险的前提下获取投资回报。

（2）构建证券组合。在确定标的指数之后，按照一定的比例买入指数样本股的过程。

（3）红利收入再投资。对上市公司派发的现金红利，基金经理应该及时进行再投资。再投资在理论上应该采取按比例分配的模式进行，但频繁交易会导致成本升高，所以这个过程通常以月为单位进行。

（4）组合权重的及时调整。为保证基金与指数权重彼此一致，基金经理会跟随指数公司的脚步定期调整样本股，防止基金与指数中各样本股的权重不同。

（5）误差的跟踪和调整。误差跟踪不仅能公允体现指数基金复制指数的效果，还能反映指数基金收益与标的指数收益的差异。出于成本和交易制度的限制，指数基金不可能与标的指数收益完全保持一致。但是，基金经理需要做的，就是及时度量、跟踪这种差异，确保差异在可控范围内。

7.1.4　跟踪误差的成因

指数基金与指数之间存在一定的跟踪误差是很正常的现象，但现实中，即使跟踪同一个指数，不同指数基金之间跟踪的误差也有大有小，这是为什么呢？

这主要由两个变量影响：一是由于发生大额的申购赎回，或者是样本股大比例分红导致基金出现现金头寸的变化；二是发生指数样本股调整或长期停牌现象，进而带来基金与指数间出现结构偏离。基金经理所要做的，就是从这两方面着手，精细化消除指数基金在各个环节产生的跟踪误差。

下面先看现金头寸这个变量。保留现金头寸，就是为了随时应对基金的赎回以及新近申购所需的现金。赎回资金要尽量控制在有效范围内，既能满足基金的流动所需，又不会因为过多留存资金而导致资金不能完全进行有效投资，从而导致基金与指数发生偏离。大额申购会造成基金与指数间发生偏差的机理在于，大额申购的资金结算有时间限制，资金延期到账的结果就是基金经理没法用申购资金买入样本股，导致基金净值涨跌幅低于指数涨跌幅。大额赎回导致产生跟踪误差的原因在于，根据基金合同规定，大额赎回产生的赎回费至少要有四分之一纳入基金净资产，这会让基金净值在某一天自然升高，从而导致基金和指数的偏离度加大。

因此，申购增加的资金要尽快购买样本股，以提高指数基金与指数间的拟合度。

样本股现金分红也会导致现金头寸发生变化。对于增加的资金，指数基金要么实行现金分红，将这部分收益分给基金持有人；要么就用红利收入再投资，这也是指数基金最常见的做法。

下面再看指数样本股调整这个变量。指数公司会根据指数编制规则定期考查样本股的质地，将不符合指数编制要求的股票调出，同时将符合指数编制要求的股票调入。基金经理会根据指数公司的调整信息做出样本股的调整动作，只是从信息发布到完成确认会有一段时间差，其间样本股的调整就会造成基金出现短期波动，从而与指数发生跟踪误差。除此之外，如果样本股发生重组、合并等重大事项，指数基金也要相应做出调整，过程中同样会出现短期跟踪误差。

最后，看样本股停牌对指数基金的影响。这类影响的典型例子是"乐视网"停牌事件。2017 年 12 月，管理沪深 300 指数基金、创业板指数基金的基金管理公司分别发布公告称，将"乐视网"调出样本股。但由于该公司股票还在停牌中，指数基金无法进行交易，于是造成指数基金和新调整后的指数发生了偏离。

除去上述原因，基金还会遭遇一些和样本股相关的投资限制，如基金不能直接投资于与自己有业务往来的托管行、基金管理公司控股股东关联方的股票等。如果这些股票恰好是基金跟踪指数的样本股，就会导致不同基金组合间有微小的差别，进而对收益产生一定影响。

总之，指数基金的跟踪误差管理是一项比较复杂的工作，优秀的基金经理可以通过数据分析、及时调整仓位等方法尽力减小指数基金与指数间的偏离度，提高拟合度。从另一个角度说，这些影响因素出现的时候，其实也考验了基金经理的应对能力和管理能力。

7.2 指数基金的优缺点与选择标准

"股神"巴菲特曾经多次向投资者推荐指数基金，理由就是经过实证分析，指数基金在 82% ~ 90% 的情况下，市场表现要好于主动管理型基金。

7.2.1 指数基金的优点

选股与选时是投资者的短板，投资指数基金刚好可以避开这个弱项。此外，费用低和延迟纳税（我国暂未征税）也是指数基金的优点，具体表现在以下几个方面。

1. 费用低

指数基金费用低体现在管理费用和交易成本两个方面。不用主动投资，管理费用自然就低。同时，指数基金采取持有策略，不用经常换股，交易成本相比股票基金会降低 1% ~ 3%。绝对额虽小，但由于复利的存在，长时间累积会对基金收益产生较大影响。

图 7-1 所示是股票与指数基金的相关费用对比。

	印花税	证管费	手续费	过户费	券商佣金	总计
股票	0.10%	0.002%	0.006 96%	0.002%	0.3%，最低 5 元起	0.41%
ETF 指数基金	0	0	0	0	0.1% ~ 0.3%，最低 5 元起。网上交易 0.18%，电话委托 0.25%，营业部自助委托 0.3%	中间值 0.16%

图 7-1　股票与指数基金的相关费用对比

从图 7-1 中可以看出，全部 5 项收费项目中指数基金只收取一项，其总体费用相比股票交易的费用确实有很大的优势。

2. 延迟纳税

资本利得税目前只在西方发达国家收取，我国暂未执行，似乎这个问题不用考虑。其实仔细回顾我国资本市场的发展历程，其总体方向就是逐步与国际市场接轨，因此在不远的将来，资本利得税终究会出现。指数基金一般换手率很低，只有调整样本股或是有投资者要求赎回时才会出售股票，进而产生部分资本利得，这在无形当中相当于延迟纳税。

3. 分散和防范风险

指数基金样本股选择的标准是多行业、全覆盖，属于广泛分散的投资策略，所以单只股票的波动不会对基金整体业绩构成影响，这就规避、分散了风险。此外，由于是跟踪指数，指数基金的走势往往有规律可循，也能在一定程度上提前预知风险。

4. 省时省力

指数基金的基金经理最主要的任务就是观察样本股与指数之间的变化，确保二者相适应。至于投资者，只需判断指数涨跌而无须费时费力地选股，如此一来，投资就变得简单明了了。

5. 业绩透明度高

目标指数的运行轨迹就是指数基金净值波动的路径，无须其他手段，投资业绩清晰可见。

7.2.2　指数基金的缺点

指数基金优点固然突出，但缺点也很明显，主要表现在以下几方面。

（1）波动平稳。指数基金每天的波动比较平稳，对于喜欢短线操作的投资者来说，强行操作的风险很大。

（2）领涨但不抗跌。为了复制指数，指数基金永远都要保持高仓位，这就决定了指数基金无法规避市场风险。

（3）基金赎回的风险。一旦遭遇大规模赎回，指数基金需要强行平仓，净值下跌风险很大。

（4）投资效果有差异。尽管同是指数基金，但采用不同的投资手段形成的投资效果差异很大。

7.2.3　指数基金的选择标准

目前市场上的指数基金种类很多，投资者的选择难度也很大，建议投资者在选择时重视以下两点：一是先确定具有成长因子的指数，如消费类、医药类等处于朝阳行业的指数；二是选择跟踪误差较小的指数基金。指数基金的跟踪误差较小，表明基金经理能力很强，投资者更容易获取与指数相当的收益率。

指数基金具体的选择标准要关注以下几方面。

1. 关注基金管理公司实力

基金管理公司实力是首选因素，因为它能为基金经理提供精密的计算和严谨的操作流程，使其能够更加紧密地跟踪标的指数。

2. 关注基金费用

同为指数基金，基金费用也不尽相同。在基金有良好收益的同时，还是要尽可能降低投资成本。

3. 关注标的指数

跟踪标的指数的走势运行是指数基金的首要任务，投资的核心也在于此。

7.3 ETF 基金

市场上的指数基金目前有 3 种分类，投资者经常提及的其实是 ETF 基金。

7.3.1 ETF 基金概况

ETF（Exchange Traded Funds）基金的中文名称是"交易型开放式指数基金"，是最重要的指数基金之一。ETF 基金在交易所上市，属于基金份额可变的开放式基金。

ETF 基金是一种特殊类型的开放式基金，它既可以在场外申购或赎回，又可以在二级市场按实时价格买卖，是封闭式基金和开放式基金的结合体。由于可在两个市场同时交易，这就使 ETF 基金在市场价格与基金净值之间存在套利的机会，也就避免了封闭式基金普遍存在的折价问题。

ETF 基金可以分为指数基金和积极管理型基金两种，A 股市场上的 ETF 基金都是指数基金，它代表一篮子股票的所有权，能像股票一样在交易所交易，完全复制标的指数。投资者交易 ETF 基金，等同于交易所跟踪的指数，所获得的收益与投资相关指数获得的收益基本一致。2004 年 12 月 30 日，华夏基金管理公司推出 A 股市场第一只 ETF 基金，即"上证 50 交易型开放式指数证券投资基金"（简称上证 50ETF）。该基金完全复制上证 50 指数，样本股数量和权重与指数完全相同，力求使跟踪偏离度和跟踪误差最小化。该基金于 2005 年 2 月 23 日在上交所上市交易，申购与赎回一并通过上交所系统进行，是目前最能代表 A 股市场大盘蓝筹股行情的指数基金。

7.3.2 ETF 基金的特点

作为指数基金的代表，ETF 基金有以下特点。

1. 分散投资并降低投资风险

通过投资组合中的标的数量可以辨别一只基金属于哪种类型。一般而言，被动式投资组合标的数量较多，其目的是减少单一标的波动对整体投资组合的影响，同时降低投资组合的整体波动。

2. 兼具股票和指数基金的特色

ETF 基金之所以受到市场的认同并有着广阔的市场前景，主要是其本身有多重作用。

（1）ETF 基金可以像普通股票一样在二级市场进行交易。

（2）投资者可避开股票基本面研究的短板，通过指数赚钱的愿望得以实现。在股指期货开通后，投资者还可以参与股指期货交易，让做空赚钱也变成现实。

3. 结合了封闭式基金与开放式基金的特点

ETF 基金与封闭式基金的相同点就在于二者都在证券交易所挂牌上市，像股票一样可随时交易；不同点在于 ETF 基金透明度更高，同时由于有连续申购与赎回机制存在，基金不会出现折价现象。ETF 基金与开放式基金有两点不同：一是 ETF 基金可以全天交易，而开放式基金每天只开放一次；二是 ETF 基金赎回时交付的是一篮子股票，不用保留现金，方便管理人操作的同时可提高基金管理效率；而开放式基金则是与投资者交换现金。

4. 交易成本低廉

ETF基金是被动式管理的基金，因此，其成本低一是体现在基金管理费较低，二是体现在证券交易成本低，这与主动式管理基金形成了鲜明的对比。

5. 投资者可以当天套利

套利是 ETF 基金非常重要的一项交易技巧，有经验的投资者会根据场外市场与二级市场间基金净值的盘中差异进行套利操作，以此获取指数在当日盘中上涨带来的收益。

6. 高度透明

ETF 基金的高度透明体现在以下几方面：一是基金持股透明，投资者可随时掌握投资组合的状况；二是收益透明，指数的涨跌就是基金净值的涨跌；三是价格透明，交易所每 15 秒会更新一次指数基金净值，投资者可随时掌握价格变动情况并以贴近基金净值的价格交易。

7. 增加市场避险工具

ETF 基金的出现让投资手段更加多样化，便于投资者进行多渠道的投资理财。

7.4 指数的分析及策略

ETF 基金既然是指数基金，其跟踪的标的自然就是市场上的指数，了解这些指数，就可以制订相关基金的操作计划。

7.4.1 沪深 300 指数

沪深 300 指数承担的重任是综合反映沪深市场的整体状况。沪深 300 指数的样本股选取的是沪深市场中交易最活跃的股票，覆盖市场中大部分流通市值，能客观反映市场主流投资收益情况。下面简要介绍一下沪深 300 指数的编制步骤。

1. 确定样本股标准。选股标准是上市公司规模和市场交易情况，对其中筹码流动好的股票赋予更大的权重。为避免发生误差，中证指数有限公司在编制指数时还专门设置了一些门槛，防止不符合标准的公司进入指数样本股。

2. 以流通股计算权重。沪深 300 指数的一大特色，就是将可流通的股票作为计算的依据，不能流通的股票坚决排除在外。

3. 采用分级靠档法确定样本股权重。分级靠档就是将可流通的股票划进几个事先规定好的区间，目的是降低投资成本，方便投资者跟踪投资，以保证指数的连续稳定。指数样本股权重分为九级靠档，具体划分标准读者可登录中证指数有限公司网站查阅，这里不再赘述。

4. 每半年进行一次样本股的调整，一般比例不超过 10%。样本股的调整依据是动态跟踪结果与股票稳定程度。

经过层层筛选后，沪深 300 指数样本股从行业分布看，金融业（银行、保险、券商等）权重最大，占比接近 36%（截至 2017 年 12 月），其余行业分布则相对均匀。

可以说，沪深 300 指数代表了沪深两市中最核心的优质资产，因此，追踪该指数的 ETF 基金可作为投资者重点投资标的。跟踪该指数的基金有很多，选择时一要看指数估值，二要看基金规模。目前，基金代码为 510300 和 159925 的两只 ETF 基金与沪深 300 指数拟合度较高，规模也较大，值得投资者关注。

7.4.2　上证 50 指数

能综合反映上海证券市场最具市场影响力的、优质大盘龙头企业整体状况的指数非上证 50 指数莫属。该指数样本股只有 50 只，但属于规模指数，其具有以下特点。

（1）由于只涉及上交所股票，不能反映 A 股市场整体走势。

（2）样本股规模大，市值最大的有万亿级别的上市公司，最小的也有 400 亿。

（3）样本股净利润和利润总额占市场比例较高，是优质蓝筹股的代表。

（4）筹码的流动非常活跃，能准确反映大盘蓝筹股的市场表现。

（5）样本股中个体表现差异较大。

上证 50 指数的编制原理主要是看市场中不同规模股票的整体表现，选择样本股的标准是股票规模和股票流通情况，以总市值、成交金额这两项指标对候选股进行综合排名。编制上证 50 指数时首先选择 180 只股票建立样本候选池，再从中选取排名前 50 位的股票组成样本股。这当中，上市不满一个季度的股票、暂停上市的股票、财务有问题的股票和多年亏损的股票都要被排除掉，哪怕某只股票仅仅是市场表现出现异常，如果被专家委员否定，也要被排除在外。

上证 50 指数也使用分级靠档法，加权计算采用的是派氏加权方法，以样本股调整后的股本数作为计算权数。与沪深 300 指数相同，上证 50 指数也依据动态跟踪结果与股票稳定程度对样本股进行调整，调整比例一般不超过 10%，调整时间是每年的 6 月和 12 月。如果有必要，也可以对样本股进行临时调整。调整时，排名在 60 名之前的老样本股优先保留，如果有调整名额，则排名在 40 名之前的新样本股优先调入。

经过筛选后，上证 50 指数样本股从行业分布看，金融行业（银行、保险、券商等）占比接近 65.12%（截至 2017 年 12 月），其余行业分布则相对均匀。

上证 50 指数设立的目标就是建立一个成交活跃、规模大、成为衍生金融工具基础的投资指数，因此，追踪该指数的 ETF 基金是投资者的重点投资标的。目前，市场上跟踪该指数的 ETF 基金一共有 14 只，投资者在挑选时除了要看指数的估值，还有 3 个原则需要注意：一是选择完全复制型指数基金，排除增强型指数基金；二是挑选偏离度和跟踪误差最小的基金；三是在满足前两个条件的基础上，选择交易费用低的基金。目前，华夏基金管理公司旗下代码为510050 的"华夏上证 50ETF"基金市场规模较大，也是受投资者认可的基金之一。除此之外，"博时上证 50ETF"和"万家上证 50ETF"基金也符合上述 3 个原则，投资者也可以认真考虑。

图 7-2 所示是跟踪上证 50 指数的 3 只指数基金综合费用统计。

基金名称	管理费	托管费	申购费	赎回费	综合费用
博时上证 50ETF	0.30%	0.10%	0.04%	0.15%	0.59%
华夏上证 50ETF	0.50%	0.10%	0	0	0.60%
万家上证 50ETF	0.50%	0.10%	0	0	0.60%

图 7-2　跟踪上证 50 指数的 3 只指数基金综合费用统计

从图 7-2 中可以看到，3 只指数基金综合费用差别不大，投资者可以根据自己的实际情况，选择一只基金制订自己的投资计划。

7.4.3　中证 500 指数

中证 500 指数是中证指数有限公司开发的中证小盘指数。该指数样本股的选择很有意思，一共分为几步进行。

（1）剔除沪深 300 指数样本股。

（2）把剩余股票按照最近 1 年（新股为上市以来）日均成交金额由高到低进行排名。

（3）剔除排名后 20% 的股票。

（4）再把剩余的股票按照日均总市值由高到低进行排名，从中选取前 500只股票作为样本股。

读者看到这里或许有一种感觉，即中证 500 指数样本股是沪深 300 指数挑选样本股时剩下的股票。其实这是一种错觉，因为沪深 300 指数挑选样本股主要看股票的流通市值和交易活跃程度，这会把大部分流通盘偏小的股票排除在外，其实这里面也有许多业绩优良、成长好的股票。中证 500 指数起到的就是这样一种作用：将这些优质小盘股再次集中起来，通过指数揭示它们的市场状态。

中证 500 指数样本股也是每半年调整一次，调整依据同沪深 300 指数一样，每次调整比例一般不超过 10%。样本股调整时首先设置缓冲区，排名在 600 名之前的老样本股优先保留，排名在 400 名以内的新样本股优先进入，特殊情况下还可对样本股进行临时调整。临时调整采取顺位优先原则，即用最近一次指数定期调整时备选名单中排名最高的股票替代被剔除的股票。

中证 500 指数的特点如下。

1. 具有典型的中小盘股特征。指数样本股按市值排序，排位大约在全部股票的第 301 ~ 800 名，算是小盘股里面的大公司。

2. 从行业、个股和市值的分布情况看指数相对均衡，有利于分散风险。从行业分布看，医药生物行业权重最大，但占比也仅为 12.2%；如果与沪深 300 指数做对比，该指数所选样本股所在行业比较分散均衡。从个股分布看，指数前 10 名权重股合计占比不足 8%，分散度很高。从市值分布看，指数样本股的市值大都在 100 亿元 ~ 300 亿元之间，中位数为 154 亿元，这能说明该指数是市场上较为均衡的一只指数。

无论是波动率，还是考察 1 年、3 年、5 年期限的年化收益率，从基金定投的角度讲，中证 500 指数都比沪深 300 指数更具优势。如果投资者要做基金定投，不妨重点考虑中证 500 指数。

投资中证 500 指数同样要看估值，同时要看跟踪误差、基金规模和交易费用这 3 项指标，并选择完全复制型的指数基金。跟踪中证 500 指数的基金也很多，目前，"南方"、"华泰"、"景顺"和"广发"这几家基金管理公司旗下的产品更具竞争力，投资者可以酌情选择。

7.4.4 创业板指数

创业板指数有 3 个，其中创业板综合指数（399102）的样本股由创业板全部股票组成。尽管该指数覆盖面最广，但由于没有基金跟踪该指数，因此没有投资参考价值，本书不予讨论。

本书将重点介绍剩余两只创业板指数，分别是代码为 399006 的创业板指数和代码为 399673 的创业板 50 指数。

大多数创业板指数基金跟踪的对象是创业板指数，该指数由固定的 100 只创业板样本股组成，每季度的第一个月对样本股进行调整。创业板 50 指数其实是创业板指数的精简版，因为它的样本股全部来自创业板指数的样本股，只不过是二次挑选的结果。与创业板指数一样，创业板 50 指数样本股的调整也是在每季度的第一个月，由深交所完成。

目前，创业板的 3 个指数中关注度最高的是创业板指数，但从二级市场表现来看，自 2019 年开始，创业板 50 指数的基金份额申购量剧增，申购资金成倍增长，大有后来居上之势，投资者也不妨对其加以关注。

涵盖新兴产业多是创业板指数的一大特色，该指数样本股的行业构成中，信息技术行业占比 45.35%，工业占比 25.99%，医疗保健行业占比 11.61%，3 个行业占比加起来超过 80%，行业集中度相对较高。个股方面，温氏股份是创业板指数第一大权重股，其走势可直接影响指数的走势。投资者如果想投资创业板指数，就一定要多加留意温氏股份的走势。

投资创业板指数基金要看具体的估值，同时参考跟踪误差、基金规模、交易费用等因素。目前，"南方创业板 ETF"基金和"易方达创业板 ETF"基金跟踪误差较小，远高于同类基金平均水平，其基金走势与创业板指数拟合度较高。投资者可根据实际情况，选择一只基金制订自己的投资计划。

第 8 章
LOF 基金

每一种基金都需要了解，知道得越多，投资者的选择就越多。

8.1　LOF 基金概述

LOF 是英文 "Listed Open-Ended Fund" 的缩写，中文称为 "上市型开放式基金"。在众多基金中，LOF 基金与众不同，是非常独特的一种基金类型。

8.1.1　什么是 LOF 基金

LOF 基金属于开放式证券投资基金，其特点与 ETF 基金一样，既可以在证券交易所集中交易，也可以在场外市场进行认购、申购和赎回。需要提醒读者的是，投资者手中的基金份额如果是在证券交易所买的，或是在指定网点申购的，想要上网赎回或抛出，需要办理转托管业务。

国外没有LOF基金，这种基金类型是基金本土化的创举，因此意义相当重大，主要表现在以下方面。

（1）场内交易可降低基金费用。场内交易按双向计算，费率在 6‰左右，而场外交易费率可达到 15‰以上，可见场内交易能有效降低交易成本。

（2）交易速度变得更加快捷。场内交易实行的是 $T+1$ 日制度，而场外交易最快是 $T+2$ 日赎回。资金方面，场内交易是资金到账后当日就可使用，场外交易是 $T+3$ 日从基金管理公司划款，经托管银行、代销商划转，$T+7$ 日到账。对二者进行比较，场内交易速度更快。

（3）可以实施套利。任何基金，只要是场内、场外同时交易，就会出现计价手段上的差异，会产生一定的价格差，从而存在套利的机会。

8.1.2 LOF 基金的品种

只要是开放式基金，基金代码及简称编制都需遵循深交所的相关规定。LOF 基金的交易代码由 6 位数字组成，数字前两位必须用"16"或"15"进行标识，中间两位数字是各家基金管理公司的代码，这里统一由字母"gg"代替，最后两位数字则是基金发行顺序，用字母"xx"代替，这样具体的基金代码就是"16ggxx"。

LOF 基金简称一般由 4 个汉字字符串组成，前两位是汉字，突出不同的基金管理公司名称。不过随着市场的不断扩容，基金品种日益增多，这一规则也有了一些新变化。考虑到 LOF 基金不限制具体的基金投向，既能发行股票基金，也能发行混合基金，甚至可以发行指数基金，因此，LOF 基金的名称也不限于 4 个汉字字符串了。

图 8-1 所示是当前市场 LOF 基金品种。

基金名称	基金代码	基金名称	基金代码	基金名称	基金代码
融通巨潮 100	161607	万家公用	161903	南方积配	160105
博时主题	160505	广发小盘	162703	中银中国	163801
嘉实 300	160706	南方高增	160106	景顺资源	162607
兴全趋势	163402	招商成长	161706	荷银效率	162207
长盛同智优势混合	160805	鹏华价值	160607	富国天惠	161005
长城久富混合	162006	中欧新趋势	166001		
鹏华动力增长	160610	景顺鼎益	162605		

图 8-1 LOF 基金品种

从图 8-1 中可以看到，大部分基金遵循的还是深交所关于基金编码的相关规定，但也有一些投向指数的 LOF 基金，如"融通巨潮 100"，其名称已经不是按照原有基金编码程序来命名了。

需要说明一点，基金代码和简称一旦确定就会固定不变。这个不变指的不是单一的市场，而是包含场内场外所有机构，它们均使用相同的代码及简称。

8.1.3 LOF 基金的特点与比较优势

LOF 基金来自国内基金业的创举，产品独有的特色完全是为了适应国内特定的市场环境，这一点是舶来的基金产品所不具备的。

LOF 基金具有以下特点。

（1）开放式基金性质不变，开放式基金特征不变。

（2）基金发售采取场内、场外结合的方式，销售优势明显。

（3）采取场内、场外结合的交易模式，便于投资者操作。

从上述 3 个特点看，LOF 基金与 ETF 基金的特点几乎一模一样，甚至有人说 LOF 基金其实就是另一种形式的 ETF 基金。这样说其实也未尝不可，因为 LOF 基金确实是参照 ETF 基金优点进行改良再优化的。但 LOF 基金毕竟不是 ETF 基金，二者还是有一些不同。

ETF 基金与 LOF 基金的区别表现在以下方面。

（1）含义不同。ETF 基金是指数基金，其投资标的是跟踪某一类指数。LOF 基金是开放式股票基金。

（2）交易标的不同。ETF 基金采用实物申赎原则，无论申购还是赎回都是一篮子股票。而 LOF 基金申购时是一篮子股票，赎回时得到的却是现金。

（3）交易限制不同。ETF 基金门槛较高，只适合资金量较大的投资者。LOF 基金没有特殊门槛，普通投资者也可参与。

（4）投资策略不同。ETF 基金以跟踪并完全复制指数为投资原则，是一种被动投资。LOF 基金就是普通的开放式基金，既可以采取被动投资方式，也可以采取主动投资方式。

（5）净值报价频率不同。二级市场交易中，证券交易所每 15 秒提供 1 次 ETF 基金报价，但 LOF 基金却是每天提供 1 次报价，或是每天提供几次报价。

8.2 LOF 基金的交易流程

尽管 LOF 基金交易有场内、场外两种渠道，但其交易流程却一点也不复杂，何况代销机构营业网点里还有专业人士提供服务，投资者无须担心。

8.2.1 基金开户与注意事项

投资者如果想投资 LOF 基金，首先要开立账户，下面看一下开立账户的流程。

（1）如果选择场内系统，投资者必须要有深交所账户。如果没有，需要先到证券公司开立深交所账户。

（2）投资者如果选择场外交易，必须要有深交所开放式基金账户。有深交所账户的，可到代销机构申请注册深交所开放式基金账户；没有深交所账户的，可向基金管理公司或代销机构申请配发证券投资基金账户，然后自动注册为深交所开放式基金账户。如果是配发的证券投资基金账户，投资者需持基金管理公司或代销机构提供的账户打印凭条，到证券公司打印深交所投资基金账户卡。

如果投资者已经有且有多个深交所账户，投资时需注意以下两点：一是只能选其中 1 个深交所账户注册成为深交所开放式基金账户；二是假设选择 X 证券账户注册生成 98X（X 证券账户号码前加 98）开放式基金账户，LOF 基金份额日后可以在 X 账户与 98X 账户之间进行转移，但其他账户不允许如此操作。如果投资者是通过基金管理公司或代销机构配发的证券投资基金账户，为便于日后办理基金份额的跨系统转登记，建议投资者只使用配发的账户进行 LOF 基金的交易。

8.2.2 深交所认购流程

LOF 基金发行时，投资者有场内、场外两种认购方式。

（1）场内认购。正常交易日，投资者可通过券商营业部在网上认购。认购可多次申报，但不可撤单，每次申报份额必须为 1 000 份或其整数倍，且不准超过 1 000 万份基金单位。

（2）场外认购。使用开放式基金账户，投资者可通过基金管理公司或代销机构认购基金份额，可多次认购，但不能撤单。

深交所认购 LOF 基金的流程如下。

1. 基金募集期内相关业务

（1）投资者在基金认购日（即 T 日）内通过券商营业部认购的基金份额一经确认不得撤销。收市后，结算公司根据认购情况进行资金清算，并将数据传送给投资者。

（2）$T+1$ 日，结算公司将全部认购资金划入基金认购专户并对投资者备付金账户进行相应记减，同时记增基金认购专户。投资者在 $T+1$ 日 16：30 之前向结算公司划拨足额认购资金。如果投资者账户资金不足，结算公司将对该账户认购申请做无效处理。

（3）对于认购无效的投资者，结算公司将在 $T+2$ 日根据认购的时间顺序由后到先进行拉单处理，直至累计资金总额与有效申购资金总额相符。投资者可在当日通过资金账户查询自己是否认购成功。

2. 场内认购基金截止认购日（即 L 日）前后的相关业务

（1）如果提前截止认购，基金管理公司需在前一工作日 14：00 之前向深交所报送相关公告信息。

（2）结算公司在 $L+3$ 日出具基金全部认购资金证明及认购情况说明。

（3）如果募集资金满足基金成立条件，结算公司在 $L+4$ 日通过深交所将认购资金总额划入基金托管银行结算备付金账户。

3. LOF 基金份额登记

基金合同生效后 3 个工作日内，基金管理公司向结算公司登记存管部申请办理基金份额登记。自受理登记申请之日起 2 个工作日内，结算公司要完成相关登记手续，并向基金管理公司出具基金份额登记确认书。

8.2.3　其他渠道认购流程

其他渠道，指的是通过基金管理公司或代销机构进行 LOF 基金的场外认购。通过基金管理公司或代销机构进行 LOF 基金的场外认购流程如下。

1. 基金募集期内的相关业务

（1）投资者在基金认购日（即 T 日）通过基金管理公司或代销机构提交认购申请。对于没有开放式基金账户的投资者，可在提交基金认购申请的同时提交基金账户注册或配发申请。

（2）结算公司依据基金管理公司事先约定的认购费率，在 $T+1$ 日根据外扣计费方法，对有效认购申请计算投资者所得基金份额，同时生成资金清算数据。其后，结算公司要将认购处理结果和资金清算结果传给基金管理公司或代销机构，通知其及时划拨认购款项。

（3）投资者应在 $T+2$ 日收市前划拨足额认购资金。结算公司在 $T+2$ 日收市后将认购资金总额划入基金认购专户，并根据资金交付结果与未足额拨付认购资金的基金管理公司或代销机构联系，通知其于 $T+3$ 日上午 11：00 之前提供拉单明细表。

（4）$T+3$ 日，结算公司根据基金管理公司或代销机构提供的名单对无效申购账户进行拉单处理。若其未能提供拉单明细或即使提供但不完备，结算公司将根据自己结算系统进行自动拉单处理。自动拉单的原则是：以基金管理公司或代销机构为单位，按照其清算顺序由后向前拉单。如果申报来自同一代销网点，则按照申请单号顺序由后向前拉单。

2. 场外认购基金截止认购日（即 L 日）前后的相关业务

（1）如需提前截止认购，基金管理公司需提前一个工作日向结算公司报送截止认购相关公告信息，次日向代销机构传送截止认购通知。

（2）结算公司在 $L+2$ 日（如有拉单业务则为 $L+3$ 日），将认购结束待确认的数据传送给基金管理公司。

（3）基金管理公司在收到结算公司的数据后，于 $L+3$ 日（如有拉单业务则为 $L+4$ 日）反馈数据确认结果，然后生成净认购金额（份额）和费用数据，同时出具验资证明。

（4）结算公司在 $L+4$ 日（如有拉单业务则为 $L+5$ 日）将扣除认购费用后的认购资金余额划拨到基金管理公司或托管银行备付金账户。

3. LOF 基金份额登记

基金合同生效后 3 个工作日内，基金管理公司到结算公司办理基金份额登记手续。

8.2.4　相关费用

无论是场内认购还是场外认购，基金在募集时的价格其实是完全一致的，两种渠道的认购价格和费用通过以下方式确定。

1.通过深交所认购 LOF 基金的相关费用

进行场内认购时，投资者的认购申报以份额为单位。基金面值为 1 元，假设券商设定的佣金比率为 1%，投资者如认购 1 万份基金单位，则需交纳的费用共计为 10 100 元，其中 100 元是券商收取的佣金，结算公司按 10 000 元记减投资者结算备付金账户。

认购金额在基金募集期间会产生利息，这部分收入可根据基金管理公司事先的约定折合成基金份额，等募集结束后统一登记到投资者账户。

2.通过基金管理公司或代销机构认购 LOF 基金的相关费用

通过基金管理公司或代销机构认购 LOF 基金，投资者要按照以元为单位的金额进行认购。基金面值为 1 元，假设基金管理公司规定的认购费率为 1%，当投资者投资 10 000 元认购基金时，应交纳的认购手续费为 100 元，得到的认购份额为 9 900 份基金单位。

通常情况下，认购份额按四舍五入法保留到小数点后两位。对认购资金在募集期间产生的利息，基金管理公司会在募集结束后将其折合成基金份额，统一登记到投资者账户。

8.3　LOF 基金操作技巧

LOF 基金的操作模式有两种，一是通过二级市场的正常交易获取价差收益，二是利用场内、场外市场的不同价格，进行无风险套利。

8.3.1　交易与基金净值查询

基金在募集期结束后就进入上市交易阶段。LOF 基金有两种上市方式，因此，交易方式也分为两种，投资者可根据自己实际情况任意选择。

（1）投资者可通过基金管理公司及代销机构进行基金份额的申购与赎回。

（2）由于二级市场交易没有基金代销资格限制，投资者可通过券商营业部进行基金份额的交易。

上市首日为 LOF 基金的第一个开放日，其开盘参考价为上市首日前一交易日的基金净值。

交易后基金价格会随时变动，基金净值会由专业机构每天发布。投资者可通过以下渠道查询基金净值。

（1）投资者可通过证券分析软件查询深交所发布的基金前一交易日的净值及百份基金净值。

（2）投资者可在代销机构营业场所直接查询前一交易日的基金净值。

（3）投资者可通过报刊、基金管理公司网站等官方认可的媒介查询前一交易日的基金净值。

8.3.2　基金的转托管

由于有两种并行的交易方式，LOF 基金存在不同市场间跨系统转托管的问题。LOF 基金的跨系统转托管应如何办理？下列两种方法可解决这一问题。

（1）如果是场内交易，但想在场外赎回，投资者可先办理跨系统转托管，将基金份额转入基金管理公司或代销机构，之后再通过它们赎回基金份额。

（2）如果是场外交易，应想在场内卖出，投资者可先办理跨系统转托管，将基金份额转入深交所交易系统，再通过证券营业部卖出即可。提醒读者，跨系统转托管为 T 日（交易日）申办，T+2 日后基金份额到账，且基金份额应为整数份。

LOF 基金跨系统转托管的方式仅限于在深交所账户和开放式基金账户之间进行，且账户数量按规定只允许一个。投资者其他证券账户中的基金份额无法办理跨系统转托管业务，只能通过场内交易的形式卖出。

不是所有的基金份额都能办理跨系统转托管，具有下列情形之一时不允许办理基金的转托管。

（1）基金份额正处在募集期或封闭期。

（2）基金份额还有两天就将进行权益分派。

（3）基金份额处于质押、冻结状态。

权益分派是基金分红行为，不管是场内交易还是场外交易，基金份额权益登记都在同一天。基金分红如在场内和场外市场同时进行，场内由交易所网络直接派发，投资者只能选择现金分红；场外由代销机构代理派发，投资者既能选择现金分红，也可选择红利再投资的分红方式。

8.3.3 套利操作

套利是一种无风险获取收益的方式，但是需要投资者具备娴熟的操作技巧。对 LOF 基金来说，不同的交易方式会给投资者提供以下两类套利的机会。

1. A 类套利机会

两种交易市场有两种价格存在。场内交易产生连续波动的市场价格，场外交易产生当天的净值价格，当市场价格超过基金净值，并且其差价足够覆盖其中的交易费用（申购费 + 交易费，总计 1.8%）时，可以说 A 类套利机会此时已经出现。

利用 A 类套利机会的具体操作如下。

（1）打开资金账户选择"场内基金申赎"子项，输入基金代码后确认"申购"。

（2）基金份额将在 $T+2$ 个交易日后到达资金账户。如果是周五申购，基金份额将在下周二到达资金账户。

（3）交易日内，只要无风险套利机会出现，即可展开操作。

假设申购时基金净值为 1 元，只要场内市场基金价格超过 1.018 元，那么以市场价卖出基金就会获取收益。假设市场价格是 1.05 元，那么收益率就是（1.05 − 1.018）× 100% = 3.2%。

2. B 类套利机会

这类套利机会多出现在市场大幅下跌时。如果市场交易价格低于基金净值，并且其差价足够覆盖其中的交易费用（赎回费 + 交易费，总计 0.8%）时，可以说 B 类套利机会此时已经出现。

利用 B 类套利机会的具体操作如下。

（1）进入资金账户，在"股票买卖"子项直接输入基金代码买入。之所以能进行这样的操作,是因为 LOF 基金与 ETF 基金具有同样的特点,即都可以像股票一样交易。

(2)基金份额在第二天(T+1 日)到达账户,如果是周五买入,基金份额将在下周一到达资金账户。

(3)交易日内,只要无风险套利机会出现,即可通过"场内基金申赎"子项进行基金份额的赎回。

假设投资者第一天在二级市场以 1 元价格买入基金份额,第二天场外基金净值是 1.05 元,投资者即可通过场内交易系统赎回基金份额。扣除 0.008 元的交易费用,收益率就是($1.05 - 1.008$)$\times 100\% = 4.2\%$。

第9章
债券基金

如果投资者只想为个人或者家庭进行低风险理财配置，那具有固定收益特征的债券基金无疑是较好的投资选择。

9.1 债券基金概述

所谓债券，就是各类机构主体面向社会筹措资金时，向投资者发行的、承诺按一定利率支付利息并到期偿还本金的债权债务凭证。投资债券时，投资者最关心的两个因素就是债券还有多长时间到期和发行人是否具备还款能力。

9.1.1 什么是债券基金

专门投资于债券的基金叫债券基金。按证监会分类标准，80%以上的基金资产投向债券的基金才能称为债券基金。除去对债券进行组合投资、寻求稳定的收益，小部分股票资产以及可转债和打新股的收益也是债券基金重要的收益来源。债券基金主要的投资对象就是各类国债，以及不同类型的金融债和企业债。由于有固定的利息回报并能到期还本，相比股票基金来说，债券基金具有收益稳定、风险较低的特点。

除了追求低风险和稳定收益之外，投资者投资债券基金的另一个主要原因，在于债券基金作为专业投资渠道，投资者可以通过其接触个体投资者无法接触的特殊债券品种。这些特殊债券品种或是投资门槛较高，或是只对专业机构发售，不开通个人业务。例如凭证式或记账式企业债，很少对普通投资者发售，而只在银行同业间交易的国债和金融债则根本没有个人业务。个体投资者可以购买的只有凭证式国债、记账式国债和少量的企业债。相比这些普通债券，银行同业间的金融债不但期限短而且收益高。由此可见，债券基金所投资的债券种类越多，债券基金的收益就越高，投资者的回报也越丰厚。

债券基金是一揽子的债券组合投资工具，它与单一债券之间有很大的区别，这一点投资者还是要区别对待。

1. 债券基金收益不如债券利息固定

债券的利率是固定的，除此之外投资者还能在债券到期时收回本金。债券基金是不同债券的投资组合，投资者的收益主要依靠基金的投资收益，且投资收益不如债券的利息固定。

2. 债券基金没有确定的到期日

单一债券有一个确定的到期日，而债券基金是没有期限的，持有时间长短完全由投资者自己决定。

3. 收益率难以预测

根据购买价格、现金流以及到期可收回多少本金等已知条件，投资者可以对单一债券的投资收益率进行计算。但是，债券基金所包含的债券组合各个条件都不一样，因此很难计算并预测收益率。

4. 投资风险不同

随着还本期限的临近，单一债券的利率风险会趋于下降。债券基金没有固定到期日，利率风险主要取决于组合内债券品种的平均到期日。单一债券有较高的偿还信用风险，而债券基金通过分散投资可以有效降低这种风险。

9.1.2　债券基金的种类

不同分类依据下，债券基金可被划分为不同种类。

1. 按投资的债券种类分类

按投资的债券种类不同，债券基金分为以下 4 种。

（1）政府债券基金，投资方向是中央政府发行的国家债券。

（2）市政债券基金，投资方向是各地方政府发行的市政债券。

（3）公司债券基金，投资方向是各上市公司发行的公司债券。

（4）国际债券基金，投资方向是国际市场上发行的国际债券。

2. 按投资的标的分类

按投资的标的不同，债券基金分为以下 3 类。

（1）国债。国债包括 1 年以内的短期债，1 ~ 10 年的中期债，以及 10 年以上的长期债。因为有国家信誉作为担保，国债信用风险极低，能够提前兑换并且可交易，市场流通便利，收益率在 2.5% ~ 4.5%。

（2）信用债。信用债没有任何资产作担保，债券的发售完全建立在债权人对借债主体充分信任的基础上，其特征就是风险较大。信用债的收益大都在 4% ~ 8%，在债券中属于高收益品种，并且市场流通相对便利。

对于信用债，信用等级是发债主体能否成功发债的前提，目前市场上的信用债主要分为中高等级信用债和低等级信用债两类。

这里着重介绍一下中高等级信用债。该类信用债指的是信用评级在 AA 级以上，违约率较小的一种债券。发行这种债券的主体大都是大型国有企业、跨国公司等实力雄厚的企业，投资者基于对这些机构的信任才会认购这类债券。

跟踪这类债券的基金不多。数据统计，在全部 373 只债券基金中，仅有 6 只基金的投资范围涵盖了中高等级信用债，其中"国投瑞银中高等级债券基金"是行业内第 1 只该类基金。既然是信用债，市场对发债主体的信用评级就非常重要，因为它直接反映了债券的违约风险级别。一般来说，信用评级越高，信誉度越高，债券风险越小，债券可以投资；反之，债券就只能投机了。

中高等级信用债具有容量大、债券流通便利、信用安全系数高等特点。目前该类债券已经占到非国家信用债券市场九成以上的份额，且发行速度依然处在迅猛增长的态势当中，发行总量已经达到 20 802.56 亿元的规模。之所以如此，是因为债券市场市场化后，普通债券存在到期不能兑付的风险，而中高等级信用债券因为信用评级较高，拥有相对较高的安全系数，因此获得投资者的青睐。

（3）可转债。该类债券一般期限不超过 5 年，收益基本在 1% ~ 3%，流动性不错，信用风险也较低，最大的特点就是债券到期后可以转换成与之相对应的股票份额。

3. 按投资方向分类

按投资方向不同，债券基金可以划分成以下两种类型。

　　　　　　　　　　　　　　　　　　　基金投资入门与进阶指南

（1）类型一：标准型、普通型和特定策略型债券基金。

标准型债券基金指债券基金只能投资于债券市场而不能投资于其他市场，所以又叫"纯债基金"。

债券基金市场中 90% 以上的基金都属于普通型债券基金。如果基金可参与新股申购和老股增发，则称为"一级债券基金"；如果基金既可参与新股申购与老股增发，还能在市场中买卖股票，则称为"二级债券基金"。

特定策略型债券基金也很好理解，专门投向中高等级债的基金都属于此类基金。

（2）类型二：此类的基金都与杠杆有关，且都是分级债券基金，具体包含以下品种。

① 固定杠杆封闭式分级债券基金。封闭式基金已经不是市场主流，因此，这类基金逐渐退出历史舞台。该类基金的特点是基金 A：B 份额比例不变，A 与 B 份额可分别上市交易但份额之间不可配对转换。

② 固定杠杆开放式分级债券基金。该类基金同固定杠杆封闭式基金的相同之处在于，该类基金 A：B 份额的比例也保持不变，A 与 B 份额也是分别上市交易；不同的是，该类基金 A、B 份额之间可以配对转换。

③ 可变杠杆半开放式分级债券基金。由于杠杆可变，基金 A 份额不上市交易，只是定期向投资者申购赎回，并且净值回到 1 元。基金 B 份额可上市交易，且基金 A：B 份额比例需根据基金 A 份额的申赎情况而变化。

除上述分类之外，有的债券基金名称后面带有字母"A""B""C"，这又意味着什么呢？字母的不同代表债券基金收费方式的不同，其中 A 代表前端收费，B 代表后端收费，C 则代表不收申购费。A 与 B 属于同一类收费基金，除了时间不同之外，本质上没有区别，且二者的管理费与托管费区别不大。另外，A 类基金如果持有时间超过 30 天，赎回时不收取相关费用。只有 C 类基金的收费方式不同，非但不收取申购费，而且持有 30 天后还不收取赎回费，只是该类基金按日提取销售服务费。投资者了解这些规则对选择基金有帮助。投资者如果想短期内持有，那么没有认购费和赎回费、只收取一定比例销售服务费的 C 类基金比较适合。投资者如果准备长期持有，风险比较小的 A 类基金当然更加适合。假设一位投资者打算用 5 万元投资某基金并持有两年，如果选 A 类基金，手续费为 0.08%；如果选不收申购费与赎回费的 C 类基金，需交纳 0.4% 的年销售服务费,则手续费总计为 0.8%(两年销售服务费)。从成本角度看,显然选择 A 类基金更划算。

9.1.3 债券基金的优缺点与挑选原则

作为基金的一个种类,债券基金的优缺点十分鲜明,具体体现在以下方面。

1. 债券基金的优点

(1)银行间债券、企业债券、可转债等产品有较高的资金门槛,对于普通投资者而言,购买债券基金就可以突破这种限制。

(2)一般而言,市场波动对债券基金影响不大,虽然债券基金的收益不会很高,但却很稳定,因此,当股市低迷时可作为资金的避风港。

2. 债券基金的缺点

(1)投资者需持有较长时间才能获益。

(2)一旦发债主体出现兑付风险或是债券市场出现波动,基金也有亏损的风险。

挑选债券基金对投资者而言也是一门功课,这里提供几个原则供读者参考。

(1)根据自己的风险承受能力,选择可以接受的那一类基金。

(2)仔细阅读基金条款,选择成本低的基金。

(3)不选择规模过大的基金,规模太大对基金业绩有影响。

(4)选择投资研究能力强、债券基金整体规模大的基金管理公司。这类基金管理公司发行的基金在市场上有议价能力和话语权。

(5)查看基金的历史业绩和波动情况。相对而言,历史净值波动小的基金风险往往也会小一些。

9.2 债券基金常识

与基金市场整体一致,我国债券基金市场经过十余年的发展,其规模也不断扩大,在很短的时间就走完了发达国家债券基金市场百年才完成的路。

9.2.1　市场规模

2018 年以来，由于股市持续下跌、房地产市场受国家调控影响而萎缩，避险资金纷纷涌入债券市场，助推低风险、稳定回报的债券基金行情一路走高，也使得债券市场相对火爆。基金管理公司抓住这个有利时机，全力发行债券基金产品，2018 年全年共有 75 只债券基金上市，发行规模达到 1 008 亿元，占全部基金产品的 56%。到年底时，债券基金整体规模已超过 2 万亿元。

2018 年，债券基金规模、业绩双丰收。图 9-1 所示是债券基金 2018 年业绩排行榜中排名前 10 名的债券基金。通过数据也能看出来，相比不景气的股市，债券基金的表现相当亮眼。

基金代码	基金名称	单位净值 日期	日增长率	近1周	近1月	近3月	近6月	近1年	近2年	近3年	今年来	成立来	手续费 起购金额
004400	金信民兴债券A	1.7405 01-16	0.02%	0.07%	0.78%	1.38%	1.81%	106.82%	---		0.53%	99.79%	0.80% 0.08% | 100元
003254	前海开源鼎裕债券A	1.8200 01-16	-0.17%	-0.10%	1.47%	72.81%	71.37%	74.25%	82.04%		-0.18%	82.00%	0.80% 0.08% | 100元
003255	前海开源鼎裕债券C	1.8468 01-16	-0.17%	-0.11%	1.43%	71.44%	69.87%	72.36%	84.96%		-0.20%	84.68%	0.00% | 100元
320021	诺安双利债券	1.9480 01-16	0.15%	0.00%	0.72%	6.56%	17.28%	35.09%	40.65%	41.16%	0.21%	94.80%	0.80% 0.08% | 100元
003349	长信稳益纯债	1.2785 01-16	0.05%	0.05%	1.43%	5.55%	6.83%	24.99%	27.62%		0.73%	27.85%	0.60% 0.06% | 100元
004401	金信民兴债券C	1.1663 01-16	0.03%	0.06%	0.71%	1.29%	1.54%	21.17%			0.51%	16.63%	0.00% | 100元
003009	中融盈泽债券A	1.1258 01-16	0.04%	0.17%	0.78%	1.84%	3.34%	19.42%			0.61%	22.60%	0.80% 0.08% | 100元
003010	中融盈泽债券C	1.1248 01-16	0.04%	0.17%	0.76%	1.78%	3.22%	19.23%			0.60%	22.49%	0.00% | 100元
003188	博时裕源纯债债券	1.1841 01-16	0.16%	0.11%	1.04%	2.30%	3.74%	18.17%			0.61%	21.37%	0.80% 0.08% | 100元
003818	银华上证5年期国债指数C	1.1569 01-16	0.15%	-0.01%	0.72%	2.59%	2.91%	17.63%	15.69%		0.36%	15.69%	0.00% | 100元

图 9-1　2018 年业绩排名前 10 名的债券基金

随着中美贸易摩擦的继续，2019 年的经济形势依然不容乐观，股市在此重压之下恐怕还需一定时日筑底。作为天然避险品种，债券基金值得投资者给予足够重视。

投资债券获得的利息是债券基金的收益来源之一。债券基金资产和投资债券获得的利息中有一小部分会投资于股票市场以及可转债和新股的申购，这两部分收益也是债券基金的重要收益来源。

想要知道债券基金的收益来自哪里，需要了解债券基金的资金投向，这部分内容在基金招募说明书中有明确的约定。以最普通的债券基金来讲，债券基金的收益来源主要由以下 3 部分构成。

（1）普通债券收益。按照规定，债券基金主要的投资对象就是市场当中的各类债券，且资金比例高于80%，这就决定了债券支付的利息收入是债券基金最主要的收益来源。

（2）可转债收益。因为可转债到期后可转换成股票，加之其本身价格又与正股之间有一定关联，所以在过去几年里，投资者一直将可转债视作股票的投资范围。随着市场对该投资品种认识的深入，大家意识到可转债其实还是受债券特点的保护，于是又将其重新归入债券范围。可转债价格下跌有限而上涨无限，属于资产收益风险配比较好的优质资产，因此，债券基金几乎都会配置可转债，这部分收益也成为债券基金的重要收益来源。

（3）新股收益。按照规定，债券基金不可以参与二级市场的股票投资，但对一级市场的新股申购则没有限制，因此，债券基金会用小比例资金进行申购新股的操作。由于新股上市后往往会有一段较为可观的涨幅，这部分收益也是债券基金主要的收益来源。

9.2.2　基金收益计算公式

债券在发行时往往已经约定了一个固定比例的收益率，因此相比其他基金而言，债券基金的收益率相对容易计算。尽管如此，投资者也有必要了解一下相关的计算公式，便于今后计算自己的投资收益。

投资债券基金最重要的一个公式就是预期年化收益。债券有发行价格，有约定的偿还期限，有固定的收益率，期间还会发生利息支付情况，因此，债券预期年化收益率的计算公式如下。

债券预期年化收益率＝（到期本息和—发行价格）÷（发行价格 × 偿还期限）× 100%

假设投资者于某年的1月1日，通过市场交易以102元的价格（债券发行面值均为100元）购买了一只五年期债券，年利率约定为10%，且每年1月1日支付一次利息。根据计算公式，债券投资者每年的预期年化收益率＝（100 + 100 × 10% − 102）÷（102 × 1）× 100% = 7.8%。

如果该投资者一直持有该债券，在债券到期后取回本金，则债券预期年化收益率＝（102 － 100＋100×10%×4）÷（100×4）×100% = 10.5%。

上述计算的只是单纯的收益，没有考虑利息再投资的因素。如果考虑这部分因素，计算出来的就是复利预期年化收益率。

实际中，在投资过程中投资者很有可能在债券偿还期内就将债权转让出去。如果是这种情况，上述公式就会发生变化，还可以分别计算债券出售者、债券购买者以及债券持有期间的预期年化收益率。对于本书读者来说，这部分的计算略显复杂，大家了解一下即可。实际上，在债券交易过程中，会有专业人士为投资者服务，且各类计算公式已经有模板，投资者完全不用担心会有计算差错，只需做好交易即可。

9.3　债券基金相关操作

债券基金的波动较小，投资者无须频繁交易，只要坚持长期持有就可以获得稳定的回报。当然，如果是有经验的投资者，当市场存在波动机会的时候，适当交易可以提高自己的收益率。

9.3.1　市场波动

笔者通过多年的观察发现，股票市场和债券市场存在着"跷跷板"关系。如果股市好，债市就不好，反之亦然。两个市场之间如此，基金之间也就同样存在"跷跷板"关系，因此，投资者最常见的投资组合就是同时配置股票基金和债券基金，或者在市场不好的时候干脆直接投资债券基金。

投资标的以及操作策略都能引发债券基金的收益波动。先看投资标的，债券基金收益来自两方面：一是债券承诺的在约定期后支付的利息。正常支付固然没问题，但如果债券出现资金支付困难，就会造成基金投资损失。二是债券价格的波动，也就是市场的差价。

图 9-2 所示是十年国债基金的周线图。

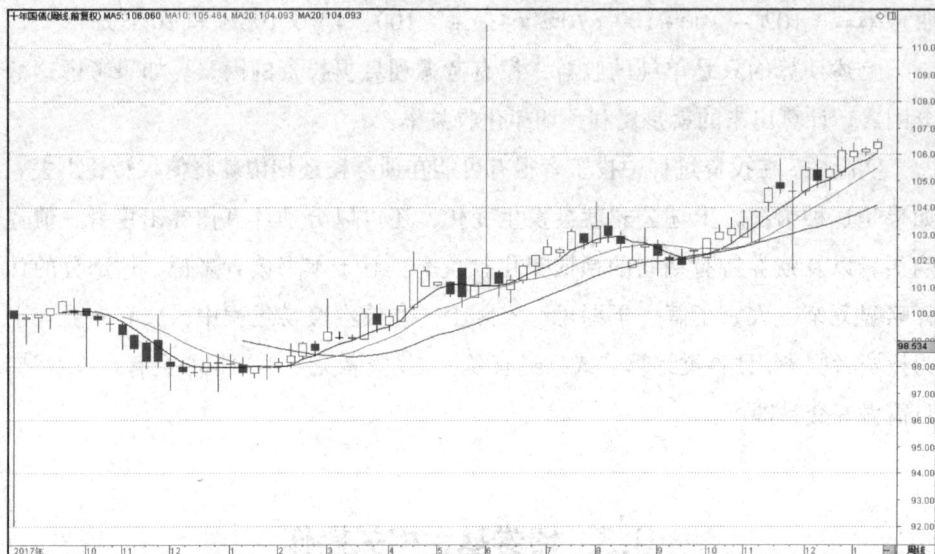

图9-2 十年国债基金周线图

从图9-2中可以看到，即便是最稳定的国债，期间也有价格波动的变化，投资者如果做得好，收益会相应提高不少。

9.3.2 风险因素

影响债券价格波动的主要因素就是利率，对利率的把握是最考验基金经理能力的，因为这直接决定了债券基金投资能力的强弱。

利率风险与信用风险是影响债券基金业绩的两大因素。投资者在选择债券基金时，一定要对二者有一个基本了解，以此为基础才能了解基金风险有多高，判断某基金是否值得投资。利率和债券价格存在着反向变动关系，想知道利率变动对债券基金净值的影响如何，久期是一个很好的衡量指标。

所谓久期，就是投资者在持有债券基金的过程中，还需要等待多长时间才能收到现金付款。

久期以年计算，但不是指债券最终的到期期限。债券何时到期、支付债券本金和利息的现金流、最终到期的收益率，这3个因素能影响久期这个指标，读者可以借此考察由于利率变动，基金会因此获益或损失多少。通常情况下，债券久期越长，基金净值对利率变动越敏感。假设有一只债券久期是5年，利率每下降 1%，基金净值增加约 5%；反之，利率每上涨 1%，基金净值则降低约 5%。其他时间段读者可依次类推。对于普通投资者而言，知道久期与债券剩余期限近似就已经足够。但对于一个投资老手来讲，久期的期限对选择债券基金很有帮助。如果利率在近期有上升的可能，应该选择所持债券综合久期较短的基金；如果当前利率有下降的可能，自然应该选择所持债券综合久期较长的基金。

即使是债券基金，选择投资标的时对债券的信用等级也是有限制条件的，决不可随意乱投。从这一点来说，债券的信用等级其实就能代表基金的信用素质，只要对债券信用等级有所了解，就能知道基金是否存在信用方面的风险。

杠杆率也能影响债券基金的收益率。事实上，有些债券基金之所以在行情不好时还有很高的收益，除了债券本身收益变化之外，与基金加杠杆操作有很大的关系。查询债券基金的公告，如果投资标的占基金净资产比例大于 100%，表明该基金就是在进行杠杆操作。

除了久期和信用等级，了解基金投资可转债及股票的比例也很重要。持有可转债如果较多，固然可提高基金收益，但风险也被成倍地放大了，这一点与加杠杆操作是一样的。受正股的影响，可转债的价格波动远大于普通债券，其收益率不是看债市而是看股市。此外，债券基金还有部分资产参与到新股申购和股票增发环节当中，这些股票资产也会使基金风险放大。

随着债券市场的不断发展，债券基金的数量会越来越多，在选择具体品种的时候，投资者需要重点考虑风险因素。

9.3.3 可转债

可转债全称为可转换公司债券，是指在一定条件下，投资者可以按一定比例或价格将其转换成股票的债券。可转债具有债权与期权双重属性：债权是指当债券到期时，投资者可选择获取公司兑付的本金与利息；期权是指投资者在债券到期时，将债券份额转换成一定比例的股票，进一步享受资本增值的收益，但也要承担价格下跌的风险。

将 60% 以上的资产投资于可转债的基金就叫可转债基金。该类基金的优势是比较灵活，债券本身确定的利率可带来稳定的利息收入，条件合适还能将份额转换成股票。尽管有"可转债就是保证本金的股票"这一说法，但是在股票和债券市场的不景气的情况下，可转债基金风险还是比较大的。

可转债的一个重要标志就是具有转股权，即债券到期后可以转换成股票，这是一般债券所没有的。以何种价格转换成股票，这是可转债在发行时就已经约定了的。投资者有权决定是否将债权转换为股权，如果选择转换，发债主体不得以任何方式拒绝。正是因为具备这一特点，可转债的票面利率一般较普通债券利率要低一些，其目的是给日后转股时预留一些空间，发债主体也可降低筹资成本。

转换的条件、价格以及当时市场价格等要素是可转债最终是否转换的关键，下面逐一介绍。

（1）有效期限和转换期限。债券的有效期限指的是债券从发行到还本付息的这段时间，这一点可转债与一般债券相同。转换期限是可转债独有的，指债券转换为股票的起止时间。债券发行时，发债主体一般会规定一个转换期限，通常情况下是发行结束之日起 6 个月后，允许投资者将债券按比例或价格转换成股票。

（2）股票利率或股息率。可转债的票面利率（或股息率）不是随意确定的，而是发行人根据当时利率水平、公司信誉等级，在条款中约定的到期支付给投资者的固定收益。相同条件下，可转债利率低于普通债券利率，付息周期以半年或 1 年计。按照规定，可转债存续期限最短 1 年，最长 6 年，并在到期后 5 个工作日内将本金和最后 1 期利息一并支付。

（3）转换比例或转换价格。转换比例或转换价格是发债时就已经约定的。

转换比例的计算公式是：转换比例＝可转换债券面值 ÷ 转换价格。

转换价格的计算公式是：转换价格＝可转换债券面值 ÷ 转换比例。

投资者如何选择将债券转成股票，可利用这两个公式自行计算。

（4）赎回条款与回售条款。赎回与回售都是债券发行人事先为自己设定的一种权利。发行人提前赎回未到期的债券叫赎回；投资者按事先约定的价格将债券卖给发行人的行为叫回售。

赎回债券的条件是：在一段时间内，股票价格连续高于转换价格且达到一定幅度。回售债券的条件是：在一段时间内，股票价格连续低于转换价格且达到某一幅度。

（5）转换价格修正条款。转换价格修正条款是指如果发行人在发债后，因为送股、配股、增发等原因导致发行人自身股份发生变动，从而引起公司股票价格下降，发行人可以对转换价格进行调整的约定。

可转债是一个比较复杂的投资品种，投资者应在明晰操作机理、了解相应条款、熟悉交易规则后再进场交易。

可转债是"T+0"交易模式的交易，一切交易行为与股票都是一样的，其投资收益除了常规的利息收入和价差收入，还可进行套利操作。转换期结束前10个交易日，可转债会终止交易，证券交易所会提前一周发布公告，此时投资者可进行转托管。

投资者交易深交所可转债会有佣金产生，标准是总成交额的2‰，不足5元的按5元的收取；上交所除了收取同等的佣金之外还收取手续费，标准是每笔1元人民币，异地为每笔3元人民币。

对于大多数投资者来说，可转债的交易还是比较陌生的，这里为读者介绍几种参与的方式。

（1）直接申购。可转债面值都是100元，最小申购单位为1手。操作时将代码、价格、申购数量分别输入，然后确认即可。

（2）通过提前购买正股获得优先配售权。可转债是与正股对应的，因此，发行时会对老股东优先进行配售，投资者只需在股权登记日前买入同名股票，在配售日行使配售权就可获得可转债。

（3）在二级市场上交易可转债，具体操作参照股票交易。

一般情况下，发债公司都是先有股票后有可转债。但有的时候也有例外，即可转债先于股票上市。证券交易所对此种情况有规定，即股票上市时，可转债即可进行转股。

将可转债转换为股票的具体步骤如下。

（1）通过交易所交易系统申请转股。电话委托或网上交易固然方便快捷，但出于安全考虑，笔者不建议投资者以这些方式进行转股操作，最好是到证券营业部填写转股申请。

（2）接受申请，实施转股。具体工作由证券交易所进行，主要是确认申请有效，减少投资者账户中债券数额，同时增加股份数额。提醒读者，转股申请一旦提交不得撤单。

（3）股票上市流通。成功转股后，增加的股票次日即可上市交易。

按照转换比例，投资者账户有时会剩余部分可转债份额，它们不足以转换成一股。此种情况下，发债公司会在当日通过证券交易所直接兑付现金，彻底完成债转股工作。

9.3.4　注意事项

任何投资都有风险，具体到债券基金，投资者应考虑以下问题。

1. 投资目的。如果投资者只是为了让家庭资产保值增值，或是让自己的投资组合更加稳定，获得比现金更高的收益，那么投资债券基金是可行的。如果认为债券基金是"躺着赚钱"的工具，建议投资者重新考虑。尽管债券基金从长期看风险很低，但如果遇到加息时同样有风险，投资者应当事先明确自己到底想要什么。

2. 基金持仓情况。购买债券基金前，投资者要了解基金具体持有哪些投资品种，如此可减小投资失误概率。投资债券基金看起来风险不大，但其中少量股票和可转债还是会蕴含一定的变数。债券评级、行业景气度、企业生产经营情况等都应该是投资者密切关注的情况，这样投资债券基金才更有把握。

基金经理误踩"地雷股"也是债券基金的一大风险。例如，业绩巨亏的"乐视网"、公告出乎意料的"獐子岛"等都是"地雷股"的典型代表。如果"踩"中这些"地雷"，即便只投入少量资金，还是会给债券基金整体净值带来很大影响。

第 10 章
货币基金

有一款基金产品，其收益比银行一年期定期存款还高，且不用交利息税，可以随时变现。是的，这就是货币基金。

10.1　货币基金概述

用一句话概括货币基金的主要特征，就是"保本加每天都有收益"。货币基金适合那些想要追求低风险、随时变现、收益稳定的投资者。

10.1.1　什么是货币基金

专门投向货币市场的基金叫作货币基金。与其他开放式基金一样，货币基金也是由基金管理公司发行、由基金经理运作、由托管银行保管资金。货币基金与其他开放式基金的区别在于，货币基金具有"准储蓄"的特点，即本金安全、流通便利、收益稳定。

货币基金产生于 20 世纪的美国，产品设计初衷是为了平衡当时个人投资者与机构投资者间存在的差异巨大的投资回报率，同时让现金可以更好地流动。货币基金的投资对象具有两点特征，一是 1 年以内的短期货币工具，二是具有高安全系数并且收益稳定。符合这两点的货币工具无非就是国债、央行票据、银行定期存单、政府与企业短期债券以及包括同业存款在内的短期有价证券等品种。证监会有规定，除上述投资品种外，其他金融工具一律禁止货币基金参与。既能获取高于银行存款的收益，还能规避其他市场风险，对投资者而言，货币基金确实是一个绝佳的投资品种。

10.1.2　货币基金的特征

由于具有"准储蓄"的特点,货币基金其实可与活期存款相媲美,资金在 1 ~ 2 日即可到账。货币基金投资门槛较低,1 000 元即可起步,申购与赎回可随时进行,资金到账快且收益全覆盖,是一种真正的积少成多的理财方式,颠覆了人们过往"投资理财需要大额资金"的认知。

货币基金具有以下特征。

(1)本金安全。理论上货币基金自然也有风险,但事实上货币基金本身极少发生亏损,其持有的投资品种几乎都是现金类资产,这就决定了它的风险在基金中属于最低。

(2)资金流动强。货币基金交易便捷,在资金管理上,基金管理公司开通了即时赎回业务,份额赎回后资金当日即可到账,几乎就是另一种形式的活期存款。

(3)收益率较高。货币基金可以参与不对个人开放的金融业务,如交易所回购、银行间债券及回购市场、银行间票据市场等,收益率与银行一年期存款利率相当,有时还具有国债收益水平。最重要的一点是,一旦通货膨胀出现导致负利率时,货币基金可以及时把握利率变化,获取较高收益,帮助投资者避免资金贬值。

(4)投资成本低。手续费、认购费、申购和赎回费在货币基金这里一概免收,因此投资成本十分低廉。

(5)分红免税。银行存款只是一次完成的单利,但货币基金在保持面值 1 元的基础上是天天计算收益,属于复利投资。每月的分红收益自动结转成基金份额,且免收分红所得税。此外,同一基金管理公司旗下的货币基金可以与其他开放式基金相互转换。例如,股市好就转换成股票基金,债市好就转换成债券基金,二者都不好则在货币市场避风,从而灵活把握各类市场机会。

10.1.3　货币基金与债券基金、股票基金的区别

货币基金被誉为"现金管理之王",其独特的魅力总是含而不露。将货币

基金与债券基金、股票基金进行对比，货币基金与二者的差别主要体现在以下方面。

1. 投资标的不同

债券基金投资方向是债券，尽管会持有少量股票，但总体比例不大。

股票基金当然投向股票市场，少量配置短期货币工具的目的是调整仓位和应对投资者赎回。

货币基金以短期货币工具为投资方向。

2. 收益稳定程度不同

对比 3 类基金，从收益稳定程度的角度出发排序，从高到低的顺序是货币基金、债券基金、股票基金。

3. 基金的风险不同

基金风险大小完全取决于基金自身的投资标的。很显然，货币基金投资品种波动最小，风险最低；债券基金有固定收益作基础，收益较为稳定；股票基金随市场波动而波动，风险极大。投资者可根据自己的风险偏好决定投向哪一类基金。

4. 相关费用不同

对比三类基金，货币基金费用最低，其次是债券基金，最后是股票基金。究其原因，恐怕与基金经理辛劳程度以及资金变动频次有关。股票基金经理需要每天看盘与操作，货币基金和债券基金经理则无须如此。银行托管方面，除了股票基金需要经常进出之外，货币基金和债券基金长时间都不会变动，管理费自然较低。

10.2 货币基金的种类与风险

10.2.1 货币基金的种类

市场上货币基金的数量很多，投资者对其快速识别进而与其他基金区别开来的方法就是看基金的名称。货币基金的命名同样遵循某种规律，即前面是基金管理公司的名称，后面会使用诸如"货币""现金"等表示基金属性的字样，以此构建一个完整的货币基金名称。例如，代码为 511920 的 "广发货币" 基金，从名称上就能够看出来这是一款由广发基金管理公司发行的货币基金。

有的货币基金名称后面有字母后缀，分为 A 类和 B 类，其意义是区分不同的资金门槛。A 类基金供中小投资者参与投资，最低申购份额为 1 000 份；B 类基金是机构或大资金投资者投资的品种，最低门槛为 500 万份。资金规模不同导致二者销售服务费率也不同，A 类基金年销售服务费率是 0.25%，B 类基金年销售服务费率则仅为 0.01%。

根据交易方式的不同，可将货币基金分为以下 4 种类型：场外货币基金、申赎型场内货币基金、交易型场内货币基金、交易兼申赎型场内货币基金。

1. 场外货币基金

申购与赎回都在场外进行的货币基金叫场外货币基金。大部分货币基金都是这种类型，如耳熟能详的 "××宝" 类产品，就是这种基金的典型代表。图 10-1 所示是各大国有银行以及商业银行代销的常见场外货币基金品种。

银行名称	代销的货币基金品种
工商银行	工银货币、华安现金富利、南方现金增利、诺安货币、建信货币、益民货币、中银国际货币
农业银行	长信利息收益、鹏华货币、长盛货币、交银货币、国泰货币、湘财荷银货币、富国天时货币
中国银行	嘉实货币、中银国际货币、景顺长城货币、泰信天天收益、海富通货币、易方达货币等
建设银行	博时现金收益、华夏现金增利、银华货币 AB、华宝兴业货币 AB、上投货币 AB、长城货币等
交通银行	华夏现金增利、汇添富货币、巨田货币、交银货币、大成货币、富国天时货币、上投货币
中信银行	招商现金增值、博时现金收益、中信现金收益、建信货币
光大银行	大成货币 AB、光大保德信货币
华夏银行	万家货币、长城货币、招商现金增值
民生银行	融通易支付、天治天得利

图 10-1 常见场外货币基金品种

除了看收益率之外，购买场外货币基金还有时机选择问题。经过总结，在周一至周四交易结束之前下单是一个很好的时机，原因是第二天就可以享受收益。双休日或节假日前一天不建议进行申购，因为收益要在重新开盘后计算，白白耽误时间。对于想要赎回基金的投资者，好时机是双休日或节假日前一天收盘之前提交申请，这样仍可以享受双休日或节假日的收益。

图 10-2 所示是场外货币基金交易时段及对应的收益时段。

买入时间	计算收益时间	收益到账时间
周一15:00至周二15:00	周三	周四
周二15:00至周三15:00	周四	周五
周三15:00至周四15:00	周五	周六
周四15:00至周五15:00	下周一	下周二
周五15:00至下周一15:00	下周二	下周三

图 10-2　场外货币基金交易时段及对应的收益时段

2. 申赎型场内货币基金

申赎型场内货币基金的申购与赎回都在场内完成，只是不能交易。申赎型场内货币基金的编码通常以"519"作为开头，计息规则是：T日申购，当日享受收益；T日赎回，不享受当日收益。交易规则是：T日申购，$T+1$日赎回，赎回后资金T日可用，$T+1$日可取。从资金使用效率来讲，该类型基金相比场外货币基金来说提高不少。

图 10-3 所示是申赎型场内货币基金品种。

代码	名称	类型
519800	保证金 A	申赎型
519808	嘉实宝 A	申赎型
519858	广发宝 A	申赎型
519878	国保 A	申赎型
519888	汇添富快线 A	申赎型
519898	现金宝 A	申赎型

图 10-3　常见申赎型场内货币基金品种

3. 交易型场内货币资金

可在场内进行申购与赎回并且交易的货币基金叫交易型场内货币基金。该类基金编码以"511"开头，实行"$T+0$"交易模式，计息规则是：T日买入即享收益；T日卖出，当天不享受收益。交易规则是：T日买入，T日可赎可卖；T日卖出，资金即可用，$T+1$日可取；T日申购后，$T+2$日可卖可赎；T日赎回后资金$T+2$日可用可取。

图 10-4 所示是交易型场内货币基金品种。

代码	名称	类型	代码	名称	类型
511600	货币 ETF	交易型	511620	货币基金	交易型
511650	华夏快线	交易型	511660	建信添益	交易型
511670	华泰天金	交易型	511680	安信货币	交易型
511690	交易货币	交易型	511700	场内货币	交易型
511770	金鹰增益	交易型	511800	易货币	交易型
511810	理财金 H	交易型	511820	鹏华添利	交易型
511830	华泰货币	交易型	511850	财富宝 E	交易型
511860	博时货币	交易型	511880	银华日利	交易型
511900	富国货币	交易型	511910	融通货币	交易型
511920	广发货币	交易型	511930	中融日盈	交易型
511950	广发添利	交易型	511960	嘉实快线	交易型
511970	国寿货币	交易型	511980	现金添富	交易型
511990	华宝添益	交易型			

图 10-4　交易型场内货币基金品种

4. 交易兼申赎型场内货币基金

目前市场上交易效率最高的货币基金就是交易兼申赎型场内货币基金，其意义是在场内既可 "T+0" 交易模式交易，又可 "T+0" 交易模式申赎。"159" 是该类基金编码的开头，计息规则是：T 日申购或买入，收益在 $T+1$ 日享受；T 日赎回或卖出，享受当日收益，$T+1$ 日不享受收益。交易规则是：T 日买入即可赎可卖，T 日卖出资金即可用，$T+1$ 日可取；T 日申购即可卖可赎，T 日赎回资金即可用，$T+1$ 日可取。

图 10-5 所示是交易兼申赎型场内货币基金品种。

代码	名称	类型
159001	保证金	交易兼申赎型
159003	招商快线	交易兼申赎型
159005	添富快钱	交易兼申赎型

图 10-5　交易兼申赎型场内货币基金品种

10.2.2 投资风险

尽管货币基金是低风险投资产品，但也不是说就永远不会亏损。统计过往的历史经验，货币基金的风险主要来自 3 个方面，分别是流动风险、收益风险、人为操作不当或违规风险。

所谓流动风险，就是投资者卖出货币基金份额而基金管理公司没有资金支付的风险。这种风险一般情况下不会发生，但凡事总有万一，如果遇到银行间拆借利率突然发生高涨，且涨幅远高于货币基金的年化收益率时，可能会有机构大规模赎回基金，转而投入银行间同业拆借市场的行为发生。由于这种情况很突然，基金此时容易引发流动风险。

货币基金主要的投资去向是银行协议存款和短期债券。协议存款通常情况下不会发生问题，收益风险主要体现在短期债券中。如果债券价格短期内下跌幅度较大，且基金又持有较大债券比重，一旦风险准备金和固有资金无法弥补损失，货币基金就会出现亏损。

人为操作不当或违规风险一般是基金经理擅自更改投资方向，因为违规操作而导致的风险。证监会对违规操作很在意，为了保护投资者利益，会对基金管理公司做出严厉处罚，同时让其抛售资产并回到约定的投资方向上来，这会造成基金净值在短时间内发生亏损。

10.3 货币基金投资技巧

10.3.1 如何选购货币基金

资金面紧张和基金遭遇大额赎回是影响货币基金收益上涨的主要因素。例如，2017 年 5 月月初央行开始收紧银根，导致银行间市场拆借利率大幅上升，货币基金收益也突然水涨船高。此外，我国银行普遍采取年终盘点结账的原则，每年的第四季度银行都要回笼货币，为下一年做准备。只是如此一来市场上的资金就会相应减少，进而呈现出明显的季节特征，导致货币基金的收益也跟着呈现出某种规律。

如何挑选货币基金，以下几个技巧或许能帮助到投资者。

技巧一：尽量选取资金"T+0"交易模式的基金。

目前市场上普通的货币基金，份额在赎回后资金回笼时间多数会滞后 1 ～ 2 个交易日，但也有少部分基金推出"T+0"快速赎回业务，基金份额一旦赎回则资金即时到账。对于有经验的投资者来说，资金的快速流动是捕捉市场机会的前提，投资时要尽量选择这样的基金。

技巧二：选择便于转换的基金。

成熟的投资者往往会根据当前的市场行情进行基金的选择，为了获取最大收益，有时还要进行基金的转换。一家基金管理公司旗下基金往往涵盖各个种类。面对此种情况，基金管理公司一般会在转换费率上提供一些优惠，鼓励投资者在转换时选择同一基金管理公司旗下的基金，这也是避免客户流失的手段。对投资者而言，这样做既能减少转换成本，又能增加转换速度，也是一件两全其美的好事。

技巧三：挑选规模大的基金。

由于具有充足的流通条件，货币基金的规模就成为投资者选购基金时一个很重要的选择标准。因为规模越大，基金的议价能力和谈判能力就越强，收益率可能会更高。还有一点，规模大的货币基金由于有充足的资金保障，因此抗风险能力很强，不会因为发生某种意外情况造成投资者赎回困难。

技巧四：选择建好仓的基金。

货币基金没有认购费和申购费，新老基金之间自然没有成本方面的顾虑。如此一来，老基金相比新基金更具优势，因为其不像新基金那样需要一段时间的建仓，所以收益率更有保障。建议投资者尽量选择那些老基金，这样更容易分享既得收益。

技巧五：考虑提供增值服务的基金。

如果一家基金管理公司在满足投资者正常投资业务之外，还能为投资者提供更具特色的增值服务，建议投资者不妨根据自己的实际情况予以考虑。

技巧六：选个人投资者持有比例高的基金。

这是一个值得投资者注意的问题。有的投资者非常痴迷机构投资者的投资能力，一只基金如果有大量的机构投资者驻扎其中，他们就会相信这是一只好基金。其实不然，基金之所以会有动荡，多半是这些机构投资者巨额赎回造成的，而比较安全的基金恰恰是个人投资者持有比例较高的基金。

10.3.2 两个指标

货币基金有一个特点，就是其单位净值永远是 1 元。之所以如此，是因为基金的收益分配方式很特别，它表现出的不是基金净值的增长而是基金份额的增加。货币基金的收益分配方式是这样的：根据基金份额当日净收益，基金管理人将每日收益计入账户的累计收益中，然后每月结算一次，将累计收益直接转换为基金份额计入基金账户。假设一位投资者用 5 000 元买入货币基金，到月底有 50 元的盈利，基金管理公司会把收益按照 1 元面值折算成份额加在其基金份额中。也就是说，下个月投资者实际拥有 5 050 份基金份额，并且第三个月的收益是在 5 050 份基金份额基础上计算的。对货币基金来说，7 日年化收益率指标、每万份基金收益指标十分重要。这两个指标有什么区别？读者更应该看重哪一个呢？

相关指标的概念在第 3 章有过说明，这里不再赘述。简单说，如果万份累计收益为 100 元，其实就相当于货币基金取得了 1% 的收益率（100 ÷ 10 000 ＝ 1%），它反映了货币基金在一段时间里的总收益。相比较而言，7 日年化收益率反映的是基金在过去 7 天的平均盈利水平，而每万份基金单位收益直接反映投资者真实盈利状况，指标值越大，真实收益就越高。单独看，万份基金单位收益指标或许更重要，但其实将两个指标结合起来看更加科学。因为货币基金波动小，投资者往往将其当作现金管理工具，只要买进就会持有一段时间，所以基金某一天的收益高低对投资者影响其实不大，如果根据这样的条件选择基金会显得很盲目。这个时候，时间相对长一点的 7 日年化收益率指标就比较客观，对投资者的判断也会起到更多的帮助。

例如，假设一名投资者用 10 000 元投资货币基金，如果 7 日年化收益率为 4.3%，则年化收益＝ 10 000 × 4.3% ＝ 430（元），而每万份收益＝（430 ÷ 365）×（10 000 ÷ 10 000）＝ 1.178（元）。如果该投资者持有该基金 30 天，假设其他条件不变，则实际收益＝ 1.178 × 30 ＝ 35.34（元）。

10.3.3 基金申赎时间与参考原则

货币基金的申购与赎回也有一定的技巧，掌握货币基金开始计算收益的时间，投资者就可以在恰当的时间节点进行投资操作。

（1）当日申购赎回收益计算。当日申购基金份额，次日起享受基金分配收益；当日赎回基金份额，次日起不再享受分配收益。

（2）周五申购赎回收益计算。周五申购基金份额，下周一享有基金分配收益；周五赎回基金份额，下周一停止享有基金分配收益。

（3）节假日收益计算参照周五申购赎回情形处理。

货币基金收益稳定，但毕竟不是银行储蓄，因此，在购买时还是要坚持一定的原则。

一是坚持"买老不买新"的原则。理由很简单，老基金的业绩经受过市场的考验，而新基金则没有，因此，无法判断新基金的质地。二是坚持"买高不买低"原则。年化收益率高的基金已经被证明是好基金，这样的基金未来更大的可能是继续向好，因此，投资者应坚持这一原则，只买龙头基金。图 10-6 所示是 2018 年货币基金收益排名前 10 的基金品种。

序号	基金代码	基金简称	日期	万份收益	年化收益率			净值	近1月	近3月	近6月	近1年	近2年	近3年	近5年	今年来	成立来
					7日	14日	28日										
1	005151	红十创新优澶货币	01-22	1.1068	3.9810%	3.59%	4.67%	---	0.39%	0.88%	1.75%	4.10%	---	---		0.28%	5.73%
2	000700	泰达宏利货币B	01-22	0.8424	3.3420%	2.38%	4.42%	---	0.38%	0.88%	1.65%	3.81%	7.96%	10.88%		0.15%	17.87%
3	005150	红十创新优澶货币	01-22	1.0365	3.7150%	3.35%	4.43%	---	0.37%	0.81%	1.63%	3.85%	---	---		0.26%	5.39%
4	162206	泰达宏利货币A	01-22	0.7762	3.0930%	2.13%	4.17%	---	0.36%	0.82%	1.53%	3.56%	7.45%	10.08%	19.65%	0.13%	49.84%
5	004545	永赢天天利货币	01-22	0.8730	3.2100%	3.41%	4.12%	---	0.36%	0.92%	1.87%	4.08%	---	---		0.21%	7.74%
6	004078	金信民发货币B	01-22	0.8174	2.9450%	2.89%	4.23%	---	0.34%	0.83%	1.68%	3.85%	8.11%	---		0.21%	8.46%
7	000533	永赢货币	01-22	0.9206	3.1860%	3.20%	3.84%	---	0.34%	0.86%	1.78%	3.90%	8.22%	11.03%		0.20%	19.34%
8	003996	泓德泰利货币B	01-22	3.4627	4.6640%	3.45%	3.82%	---	0.33%	0.82%	1.68%	3.75%	---	---		0.20%	6.84%
9	001895	泰达宏利活期添货	01-22	0.7951	5.3860%	4.26%	3.89%	---	0.33%	0.87%	1.73%	3.97%	8.09%	11.16%		0.24%	11.76%
10	001233	嘉合货币B	01-22	1.0059	2.8290%	2.71%	3.90%	---	0.33%	0.80%	1.60%	3.80%	8.38%	12.49%		0.20%	15.23%

图 10-6　2018 年货币基金收益排名前 10 名的基金品种

从图 10-6 可知，排名前 10 名的基金年化收益率都超过 3.5%，远强于银行1 年期定期存款利率。目前各基金综合网站都提供基金的详细数据，包括每万份基金净收益、7 日年化收益率等信息，更新也很及时，都是截至查询的前一日，感兴趣的投资者可自行登录查询。

10.3.4　其他技巧

对于初级投资者而言，只要选到一只适合自己的货币基金产品，就可以直接申购买入。但对于投资经验丰富的老手来说，尽可能扩大收益才是应该追求的目标，这就涉及一些高级交易技巧。

1. 长期持有

这是最常见的操作策略，下面以"银华日利"基金为例，看一下这种策略的效果。该基金由银华基金管理公司发行，属于交易型场内货币基金，规模达到657亿元，是场内第二大货币基金，其买入/卖出代码为511880，申购/赎回代码为511881。

图10-7所示是"银华日利"基金自2013年4月上市至2018年年底的月线图。

从图10-7中可以看到，该基金的走势就是一条向右上方倾斜的斜线，价格从年初上涨，到年底除权除息重新回到100元附近。这种走势是货币基金收益分配方式决定的，其价格一般与净值相差不大，当然不排除价格有时也会有小幅波动。

经过统计，该基金每年收益率在3.5%左右，高于银行1年期定期存款利率。正常年份这种收益率不是很高，但如果遇到类似2018年股市那样的下跌行情，这种收益就弥足珍贵了。更重要的是，该基金规模大，流通性好，适合大资金进出。

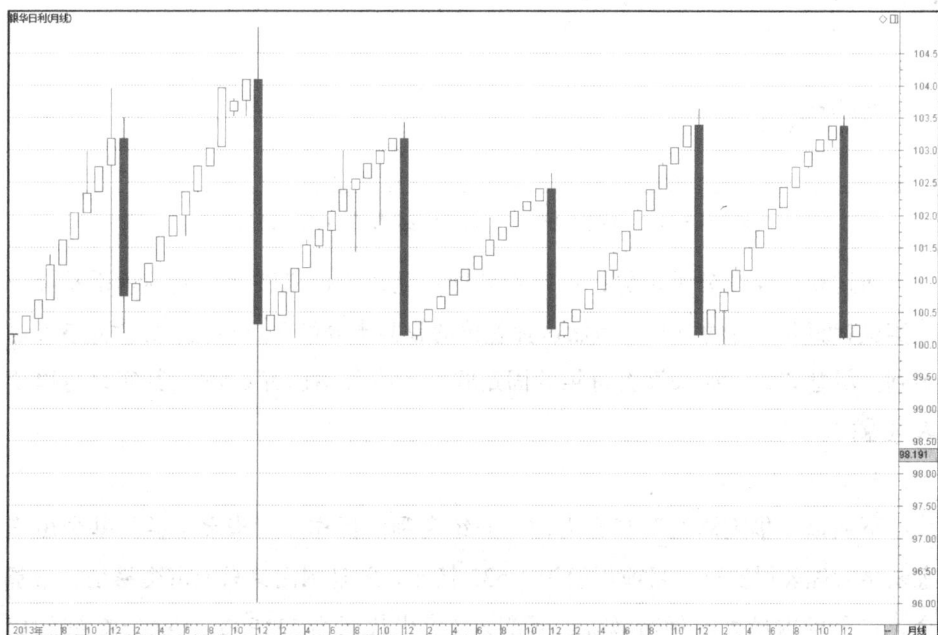

图10-7 "银华日利"基金月线图

2. 做差价

"银华日利"基金是"T+0"交易模式，虽然每天价格波动都在 0.03% 以内，波动范围很小，但因为很多券商都将该基金手续费设置为 0，所以还是有可能赚到差价收益的。

图 10-8 所示是"银华日利"基金 2018 年 1 月 17 日至 1 月 23 日连续 5 个工作日的分时图。

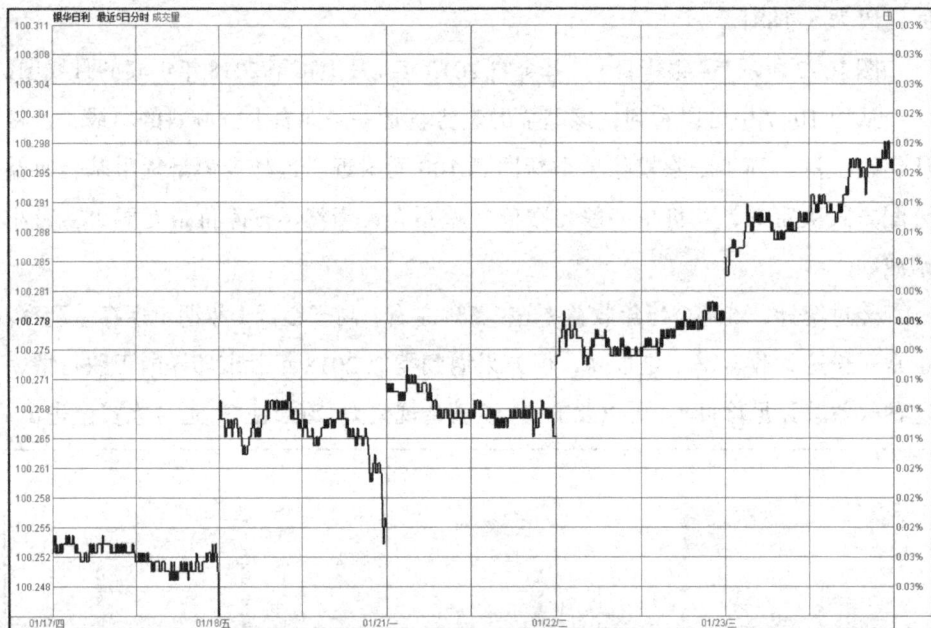

图 10-8　"银华日利"基金连续 5 个工作日分时图

通过观察连续分时走势，可以看到即使是每天价格波动不大的货币基金，其实也有赚取差价的空间。当然这种差价的收益十分微薄，年化收益率连 3% 也不到。尽管如此，如果算上每年的固定收益，收益率也有 6.5%，其实是可以令人满意的。

3. 套利

下面以"华宝添益"基金为例，介绍套利的操作。"华宝添益"基金由华宝基金管理公司发行，目前规模为 1 532 亿元，既是国内首只上市交易型货币基金，也是场内最大的货币基金，其买入 / 卖出代码为 511990，申购 / 赎回的代码为 511991。图 10-9 所示是"华宝添益"基金 2017 年 11 月至 2019 年 1 月的日线图。

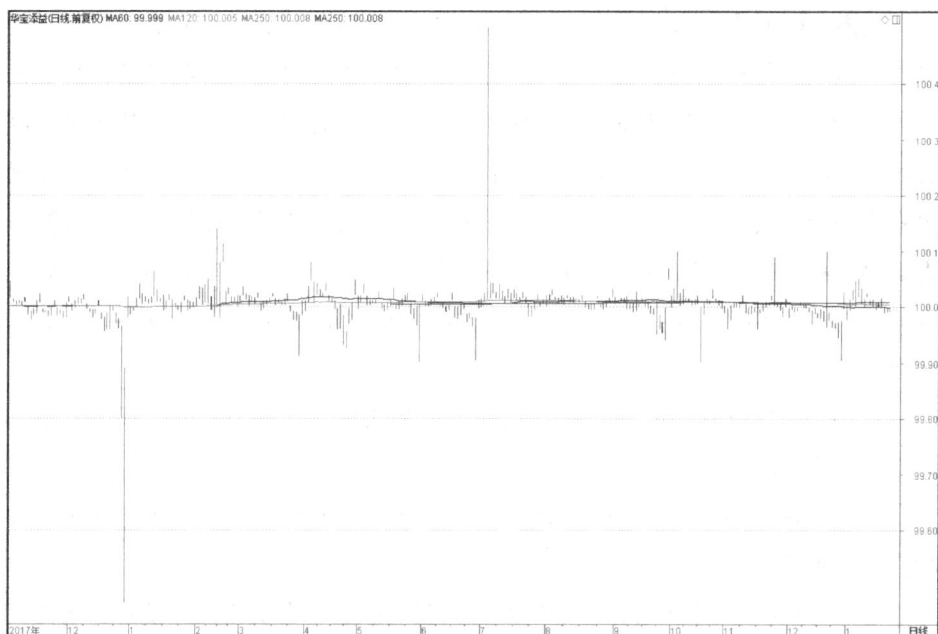

图 10-9　"华宝添益"基金日线图

从图 10-9 中可以看到，该基金价格很稳定，运行轨迹几乎是一条直线，这也是大部分货币基金的走势特点。虽然如此，图中还是有一些"毛刺"出现，这也表明该基金价格走势相对正常值来说有时还是会有一定的偏移，这就是套利的机会。

图 10-10 所示是"华宝添益"基金 2017 年 12 月 28 日的分时图。

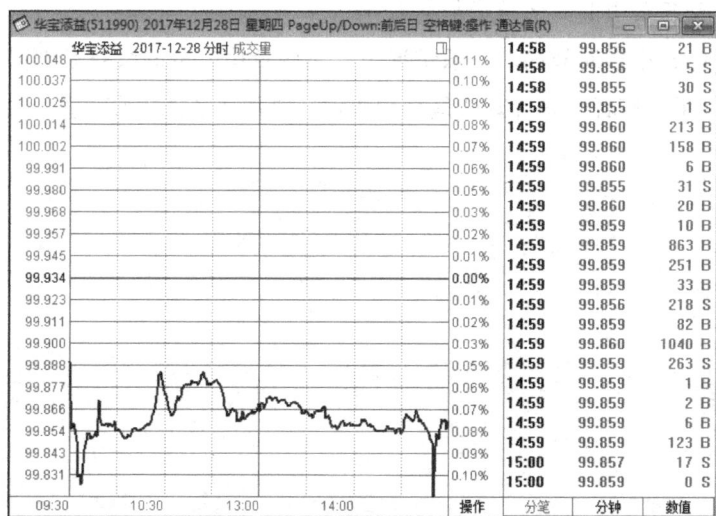

图 10-10　"华宝添益"基金分时图

从图 10-10 中可以看到，在 2017 年 12 月 28 日这一天，该基金的价格在尾盘出现急跌。什么原因造成的呢？就是当天国债逆回购市场出现异动，其中代码为 204001 的 1 天期国债回购品种的年化收益率，在最高点时竟然达到了不可思议的 96%（计息天数为 4 天）。这样难得的获利机会让很多基金持有者在尾盘卖出基金，转而去做国债逆回购，故而基金价格被"砸出深坑"。假设投资者懂得套利，在尾盘以 99.820 元的当天最低价格买入 10 万元并即刻赎回，收益大概是 $100\,000 \times (1 - 0.998\,2) + (3.5\% \div 365) \times 100\,000 = 189.59$（元），年化收益率在 12.04% 左右。

这些技巧性操作需要在场内市场完成，相比场外的货币基金，场内货币基金有以下几方面优点。

（1）操作简单。场内货币基金不管是买卖还是申赎，只需在证券交易软件中直接下单即可。

（2）风险小。场内货币基金有严格的投资限制，有机构做过统计，场内货币基金单日发生亏损的概率仅为 0.061%，如果能持有 1 周或 1 个月，亏损概率接近于 0，所以风险非常小。

（3）流通便利。一是基金规模大，像"华宝添益"基金，每天成交额在 90 亿元左右，容得下大资金的进出。二是场内货币基金实行"$T+0$"交易模式，中小投资者进出方便。

（4）交易费用低。交易费基本为 0。

（5）收益率相对较高。一般情况下，场内货币基金的收益率都高于银行存款利率，如果投资者会做价差或是套利操作，收益率还能更高一些。

第 11 章
混合基金与 FOF 基金

有一种基金能横跨股票、债券、货币 3 个交易市场，同时体现不同类型基金的作用，实现跨市场的多元化投资，这就是混合基金。

11.1　混合基金概述

11.1.1　什么是混合基金

基金资产没有明确的投资方向，可以在股票、债券和货币市场任意进行投资，或者同时在股票、债券和货币市场进行投资的基金叫混合基金。

混合基金是"一专多能"的理财工具，其设计的初衷就是想通过仅买入一只基金而实现多元化投资，从而减小在不同基金品种之间进行选择的困难。混合基金的风险适中，低于股票基金而高于债券和货币基金，其投资策略在激进和保守间取舍。如果基金经理能力出众，投资收益甚至还有可能超过股票基金。

混合基金以基金单位净值作为交易的基础，这一点与开放式基金相同。关于混合基金的分类，市场一直有精细划分和粗略划分两种意见。以银河证券为代表的一方，主张对混合基金进行细分。在《中国银河证券公募基金分类体系（2017 版）标准》中，混合基金被细分为七八个小类。这种分类方法过于专业与复杂，普通投资者很难了解与掌握，因此，大多数投资者都选择粗略划分的方式。粗略划分方式依据的是基金资产在不同投资方向的配置比例，以比例最大的那个方向为基准。

图 11-1 所示就是不同资产配置下混合基金的分类。

股票仓位比例	基金特点	基金类型
0 ~ 30%	资产以债券为主	偏债型混合基金
60% ~ 95%	资产以股票为主	偏股型混合基金
0 ~ 95%	仓位比较灵活，可以根据市场情况进行资产配置	配置型混合基金

图 11-1　不同资产配置下混合基金分类

粗略划分的混合基金大体上就是图 11-1 中的 3 种，其他一些基金管理公司，也有关于股票仓位的特殊约定，如有 30% ~ 80% 的，有 0 ~ 40% 的，还有 0 ~ 75% 的，等等。不管怎样划分，只要是基于资产风险设计的，都被称为混合基金。需要说明的是，现在的基金管理公司对股票资产不设比例上的限制，同时对股票仓位的调整也越来越重视基金经理的自主权限，基金经理可以根据自身对市场的判断对不同资产方向进行资金上的调整。这种方式有个新称呼，叫"配置型设置"。

11.1.2　混合基金的特点

混合基金在资产配置方面，尤其是有关股票仓位方面的约束，相比单纯的股票基金和债券基金要少许多，这也是混合基金最大的价值所在。在不同市场间任意切换、灵活地进行资产配置，这既是混合基金独有的优点，也是它的缺点。混合基金的优点表现在以下方面。

（1）风险对冲。股票和债券分属不同的投资类型，前者是风险大、收益高的股权融资，后者是收益与风险都相对稳定的债权融资，二者的风险刚好可以进行对冲。

（2）灵活度高。任意切换、灵活配置是混合基金的特点，这也决定了该类型基金市场表现非常灵活。

混合基金的优点非常突出，但缺点也很明显，主要表现在以下方面。

（1）对基金经理的能力要求较高。不同市场的资产配置造成基金净值波动很大，这对基金经理的能力要求很高，因为基金的收益与风险完全依赖于基金经理对资本市场的判断。

（2）单向收益受限制。虽然混合基金对具体的仓位不设限制，但通常而言，混合基金还是倾向于进行多种资产配置，以此来平滑单一投资品种对基金净值造成的波动。相比单向基金来说，混合基金的这种配置方法无疑会压低基金净值的增长率，因为混合基金不可能在单一市场实现满仓，所以相比股票基金来说，其利润还是要少很多。

从资产配置方向综合比较各类型基金的风险与收益，可以判断出股票基金与混合基金是主动型基金，而债券基金与货币基金是被动型基金。因此，对各类型基金按风险和收益由高到低排序依次为股票基金、混合基金、债券基金和货币基金。从这个角度看，混合基金虽然是主动型基金，但由于采取了分散投资策略，风险和收益水平还是比较适中的。

11.2　混合基金的操作

11.2.1　确定风险偏好

混合基金兼顾风险与收益，是一个很好的理财工具。那么该如何挑选混合基金呢？笔者给出以下建议。

投资者需要确定自己的风险偏好。混合基金的主要风险来自资产配置中股票部分的仓位，激进的投资者可选择股票仓位限制在 60% ~ 95% 的混合基金。这类混合基金在牛市中股票仓位几乎能达到满仓，与股票基金没什么不同，可以最大程度获取股价上涨带来的收益。股票仓位在 30% ~ 80% 的混合基金适合风险偏好相对适中的投资者，在熊市中股票仓位最低可降到比例下限，尽最大可能规避市场风险。至于风险偏好偏低的投资者，还可以选择不限制股票仓位的灵活配置型混合基金，这类基金遇到风险可以放弃股票仓位，转换成为债券或者是货币基金，风险很低。

图 11-2 所示是 2018 年混合基金年度收益排行前 5 名的基金。

基金名称	收益率	基金类型
上投摩根安丰回报 A	14.85%	偏债混合基金
长安鑫益增强混合 A	14.15%	偏债混合基金
嘉合磐石混合 A	10.97%	灵活配置混合基金
基金华安睿享定开混合 A	9.92%	偏债混合基金
博时鑫瑞混合 A	9.87%	灵活配置混合基金

图 11-2 2018 年混合基金年度收益排行前 5 名的基金

从图 11-2 中可以看出，由于 2018 年股市行情不好，很多基金都陷入亏损，但是混合基金收益还算不错，前 3 名的收益都超过了 10%。从基金类型看，前 5 名的基金以偏债型混合基金和灵活配置型混合基金为主，说明即使是在熊市的行情下，这类混合基金仍然可以持有。

在风险偏好选择过程中，激进或者稳健本身没有对错之分，这完全看投资者个人对风险的承受能力。收益和风险是相对的，只要在自己的承受能力之内，即使未来发生亏损却依然能每晚踏实睡觉，不因为账面浮亏产生心理压力，那这个投资风格就是适合自己的。

这里也提醒读者，在选择混合基金时不能只看基金招募说明书中所标明的股票仓位，还要看实际的股票配置比例，如果基金在运作过程中出现违背契约的情况，表明基金经理属于极度激进的投资者，这会给基金带来极大的风险，请读者一定要慎重选择。

11.2.2 业绩比较基准

基金的投资风格能直接决定基金的风险程度。在选择混合基金的时候，要想了解某只基金到底属于哪一类投资风格，有个很重要的指标可供参考，那就是业绩比较基准。

业绩比较基准是指为基金确定达到或超过的业绩标准。即便是单一市场的基金，通常情况下也不会只进行单一市场配置，至少要构建一个小的组合，也能由此看出基金投资风格和股票持仓比例。以指数基金为例，如果跟踪的是沪深 300 指数，其设定的业绩比较基准为"指数增长率 ×95%+同业存款收益率×5%"。基金如果达到或超过这个收益水平，意味着其业绩就是合格的。通过指标可以判断该基金股票仓位应该处在较高的状态，以及这只基金一定会选择沪深 300 指数成分股建仓。

假设还有一只基金，它的业绩比较基准是沪深 300 指数增长率占 75% 的权重，另外 25% 权重跟踪上证国债指数。此时就会知道，这是一只含有债券的指数基金，由于股票权重仅为 75%，相较于股票权重为 95% 的基金，其风险和收益也自然会降低不少。

通过业绩比较基准，投资者能判断一只基金的风险程度，进而将其与自己能接受的风险偏好相叠加。如果彼此相互适应，说明这只基金适合投资者；如果差距很大，即使基金风险再低，也不适合投资者。

11.2.3　基金管理公司与基金经理

混合基金对基金经理的要求很高，投资者通过基金经理也能了解基金管理公司的整体实力。在对基金管理公司进行考察时，投资者要重点留意以下几个方面。

1. 基金管理公司业绩是否优良

基金管理公司过往的历史业绩很重要，它能体现整个投资团队的专业度和对市场的判断能力，只有基金管理公司整体的业绩向好，投资者才能在其中选择单一的基金。

2. 基金管理公司团队是否稳定

稳定的团队是基金管理公司整体业绩向好的基础。投资者如果发现某个基金管理公司经常发生基金经理更换、公司管理人员辞职或跳槽的事件，说明该公司可能存在管理制度僵化、内部结构不合理等问题，最终会影响到公司旗下基金产品的业绩。

3. 新老基金的进场时机

选择新基金还是老基金，一直是市场争论的话题。对于混合基金，这种争论没有意义，因为投资时的市场行情如何才是选择的关键。如果指数处于上涨行情，老基金收益比新基金要好，因为新基金需要建仓，刚好为老基金的持仓提供了上涨支撑；如果指数处在下跌行情，新基金要比老基金表现优异，因为新基金可以通过拉长建仓周期、转投债券和货币市场等手段规避风险，还能获取稳定收益,而此时老基金转身困难,表现自然欠佳。

4. 基金规模大小

基金规模太大或太小都有弊端,规模大操作不灵活,固定收益被分摊后对基金净值影响较小;规模小各类资产投入比例小,加上要留存应对赎回的资金,年化收益不会很理想。

对基金经理的考察很重要。混合基金横跨多个市场,投资灵活多变,这就要求基金经理具备全方位、多体系的投资知识,如此才能满足基金投资的需要。为什么会有这样的要求?因为最近一段时间,市场上的混合基金越来越多,且这些基金对股票仓位没有限制,既可以满仓也可以空仓,可谓"全攻全守"。看对市场行情一切都好说,如果看错市场行情,结局不是踏空就是全仓被套,所以对基金经理的能力提出了更大的挑战。

投资者对基金经理的要求是:希望其有丰富的从业经验和较长的从业年限。如果某位基金经理在单一基金管理公司任职时间超过1年,管理基金数量不多于3个,并且收益稳定在同类基金前四分之一行列当中,那么这样的基金经理值得投资者重点关注。

11.2.4 混合基金的投资

1. 先判断后市再操作。

所谓投资,其实就是对未来有某种期许。投资者在操作时最好对大势进行一下判断,如果行情还处在牛市,不妨再持有一段时间;如果判断行情即将转弱,那就坚决提前赎回,落袋为安。

2. 转换成其他产品。

卖出基金不只赎回一条路径,通过基金转换的形式转嫁风险也是一种卖出的思路。例如,将股票基金转换成货币基金,不仅可以降低成本,还能享受比活期存款利息高的收益。

3. 定期定额赎回。

这种赎回方式是配合定期定额投资使用的,可以作为日常现金管理的手段,不过需要一点技巧,感兴趣的读者可以了解一下。

11.3 FOF 基金概述

FOF 基金（Fund of Funds，基金中的基金或母基金）是一揽子基金组合，买了它就相当于买了全部的基金。

11.3.1 什么是 FOF 基金

通俗地理解，FOF 基金就是基金中的基金。其他基金不管是什么类型，都有具体的资金投向，但 FOF 基金的投资对象还是基金。就是说，FOF 基金专门投资其他基金，并通过持有其他股票基金或债券基金来间接持有股票、债券等有价证券。

证监会规定，只有 80% 以上的基金资产投向了其他基金的基金才能叫作 FOF 基金。说到底，FOF 基金其实就是一个基金组合。

投资者投资基金最大的困难，就是挑选不好基金，而投资 FOF 基金刚好可以解决这个问题。投资 FOF 基金，相当于专业机构帮忙对基金品种进行了筛选，进而起到投资优化的效果。FOF 基金完全按照基金的运营模式进行操作，其对基金市场的长期投资策略，就好像其他基金与具体投资市场一样。通过捆绑的策略，对 FOF 基金的投资就等于同时投资多只不同类型的基金，但投资成本却是大大地降低了。数据显示，目前市场上公募 FOF 基金产品只有 67 只，以资产配置、目标风险、养老、量化等领域为主，产品多以基金专户、私募、信托和证券资管等形式出现，整个市场规模还不到 1.3 万亿元，且只向高净值人群开放。由此看来，普通投资者想要投资 FOF 基金，恐怕还要等上一段时日。

FOF 基金只有公募与私募的区分。由于是新生事物，监管机构对公募 FOF 基金的交易非常谨慎，尽力降低风险是唯一的宗旨，具体的监管政策如下。

（1）一切带杠杆的金融产品都不允许 FOF 基金投资。

（2）不同基金间的投资比例相对明确，防止彼此之间相互"喂养"。

（3）在业绩比较基准上允许使用绝对收益数值。

在我国，私募 FOF 基金的发展相对好一点。相关数据显示，私募 FOF 基金在 2006 年 7 月就已经发行了，目前有 1 247 只私募 FOF 基金产品在市场中运行，只是基金数量虽多，但平均规模偏小。

FOF 基金的实质是一种以基金买基金的分层模式，它淡化了基金经理在基金中的作用，即使基金经理出现决策失误，对于整只基金来说影响也是微乎其微。

正因为如此，FOF 基金具有这样的产品特征：专家帮投资者挑选基金并进行资产配置，节省投资者的精力与时间。由于 FOF 基金相当于一个基金投资组合，所以投资 FOF 基金就相当于专家帮投资者进行操作。

11.3.2　FOF 基金的优缺点与选择

FOF 基金有 3 个优点：运营成本较低、基金本身投资风险很小、多样化的资产配置。

首先，运营成本较低很好理解。因为基金本身波动幅度不大，运营周期又比较长，何况它还是基金中的基金，操作频次很低的情况下成本低很正常。其次，投资风险小表现在所持有的基金都是专家二次精选的结果，投资者比较相信专业机构的力量。最后，关于多样化的资产配置，不同类型的基金组合本身就是一种很好的资产配置方案。

FOF 基金的缺点有两个：一是基金收益率稍低，二是双重收费。

FOF 基金遵循的投资原则与其他类型的基金相同，即不可能是单一市场的投资，而是要构建一个投资组合。这就决定了 FOF 基金不可能将全部资金都投向股票基金，货币基金与债券基金也需要进行一定比例的资金配置。货币基金与债券基金收益相对较低，势必会拉低 FOF 基金的整体收益。双重费用体现在，FOF 基金购买其他基金一样会产生包括申赎费在内的各种费用，而 FOF 基金产品本身也需要管理，这些费用自然会转嫁到投资者身上。

市场上公募 FOF 基金品种不多，不过由于分属不同的基金管理公司，产品之间还是略有差异，投资者在选择时除了慎重，还应考虑以下几点。

1. 看是否进行收益补偿

监管机构之所以对 FOF 基金产品采取慎重的态度，很重要的一点就是有的基金管理者将自有资金参与到产品的运营中。当然，这么做的前提是相信自己的能力并有收益补偿保障，一旦投资者出现本金亏损或收益未达到当初的预期时，管理者会拿自己的资金补偿给投资者。如果有这样的条款，那么管理者自有资金占基金资产的比例越高，投资者的资金就越有保障。

2. 看以什么方式进行补偿

即使有收益补偿条款，投资者也要看清楚具体的补偿措施。有的承诺以管理者自有份额资产进行补偿，有的承诺以自有份额收益进行补偿，还有的承诺以管理费进行补偿。不同的补偿条款含义大不相同，这当中最有诚意的是以自有份额资产进行补偿，投资者尽量选带有这种补偿条款的基金。如果产品有收益补偿条款，为了完成承诺，该类基金投资风格会趋向于积极进取；如果只是承诺保本，为了稳赚管理费，该类基金的投资风格会相对保守。

3. 看费率与业绩提成

FOF 基金也是基金，也会产生各种费用，如基金的管理费、托管费和销售服务费就是每日计提的，并且在基金净值中予以扣除。有的基金还有参与费和退出费，但参与费因基金而异，有的基金是不收取的。至于退出费，各家基金管理公司都差不多，普遍是与持有基金份额的时间成反向变化关系，持有时间越长则退出费越低，主要的目的还是鼓励投资者长期持有。

11.4　FOF 基金投资策略

FOF 基金算是一个很小众的投资品种，想要参与的投资者有必要了解其本质。

11.4.1　FOF 基金的运营

应该说大部分投资者对 FOF 基金都不是很了解，更不知晓 FOF 基金的运营方式。简单来说，FOF 基金在选基金的过程中，运营方式主要表现在以下几方面。

1. 产品设计

FOF 基金的主要特征就是多元投资、多元风格与多元策略。FOF 基金是以大类资产配置为导向，投资者在确定投资组合的时候会结合市场趋势进行判断，以一种自上而下的管理模式，力求在各个层面分散投资风险。

2. 精挑细选基金产品

基金业顶级的奖项是"金牛奖"。在基金的选择过程中，FOF基金管理者的选择范围是曾经获得过金牛奖的优秀基金，投资范围覆盖股票市场、货币市场以及债券市场，再辅以专业模型进行筛选，通过长期跟踪基金经理的投资风格来确定具体的基金品种。

3. 以定量和定性的形式进行尽职调查

尽职调查分为3个方面：一是针对投资顾问进行调查，业绩评价指标包括累计回报、业绩排名、最大回撤等；二是针对基金管理公司进行调查，评价指标包括公司的风险控制能力、投资研发能力、考核与激励措施等；三是针对基金经理进行调查，分析指标包括投资理念、投资风格、投资偏好以及道德操守。

4. 分类评价投资管理人

根据尽职调查的结果，FOF基金将调查过的基金管理人按业绩进行归类，同时根据当前市场的状况和风格不定期地调整各类基金配置权重。

5. 风险控制与投资后的跟踪管理

风险控制的目的就是对基金进行动态管理，尽力减少基金净值的大幅回撤。具体的措施包括：（1）扩大配置范围，将投资方向从单一到复合转变；（2）通过顺势而为的资产配置、灵活机动的仓位管理以及筛选投资顾问等手段，全力提高投资收益；（3）以多层次的风控体系对投资组合进行动态调整，通过不同资产类别的投资策略，控制基金的波动风险。

FOF基金属于高门槛的投资，认购金额起点很高。还有一点就是，该类基金属于定期开放品种，有的券商规定每季度开放一周，有的券商规定每星期开放一天，其他时间则不接受交易。

11.4.2　FOF基金的获利途径

由于FOF基金属于基金中的基金，因此，它的获利模式与一般基金略有不同，具体投资标的基金的净值增长只是它获利的一种途径，其核心业务主要在大类资产配置和类别资产配置上面。

FOF基金80%～90%的盈利都来自大类资产配置，这块业务是其最主要的收益来源。所谓大类资产配置，是指专门对应某一资产类别的基金。例如，股票基金只针对股票市场，而债券基金只对应于债券市场一样。FOF 基金资产只投资于基金，具体的操作相对较少，因此，大类资产配置就成为基金经理的核心业务之一。基金经理所要做的就是用宏观指标判断市场，通过调整基金资产在各个市场的投资比例来应对各个市场的变化，尽可能将资金投资在容易获利的资产类别上面，同时将大类资产在高风险和低风险之间进行转换。

类别资产配置是 FOF 基金的第二条获利途径。类别资产是大类资产的细化。例如，股票基金的大部分资产是投向股票市场的，但还有少部分资产投向债券市场或货币市场，对少部分资产投向进行细分就可以区分出股票基金的整体风格。基金的投资风格不同，收益自然也不同，通过更具体的细分，可以预估大类资产的收益并控制相应的风险。

从长期看，同类型的基金业绩有趋同的趋势，但不同类型的基金，其业绩一定会产生分化，这就是基金业绩的收敛与分层现象。FOF 基金之所以要做类别基金的配置，而不是选择具体的投资品种，理论依据就在于此。调整好不同类型基金之间的比例，收益就可以远超同类基金。

资产类别的配置再好，收益最终还要通过具体的基金业绩体现。好的基金经理就是既能把基金风险降到最低，还能通过基金取得超额收益。

好的基金经理做投资，一定是先从基金种类上，也就是在所谓的投资方向上做研究，具体需要考虑当前宏观经济状况、货币政策、具体市场走势等一系列因素并确定投资比例。例如，央行有加息预期，意味着股票基金当前趋势将弱化，此时需要增加货币基金的投资比例；再如，股市当前正在下跌，那么混合基金应该是投资的主方向，而股市和债市投资比例要相应减少。如果此时犯下投资比例的配比错误，结果要么是少赚一大笔收益，要么就是基金面临整体亏损，这就是资产配置能决定 80% 投资收益的原因。

明确资产配置的方向后，第二步就是对某一类基金做进一步细分。好比同样是混合基金，有的愿意做股票投资，有的愿意做债券投资，这就需要 FOF 基金的基金经理结合市场状况和不同的基金投资风格进行某种调整。

最后是具体基金的挑选。到了这一步，个人投资者与 FOF 基金管理者其实是站在同一起点，参考的指标也大体一致，无非是看基金过往的历史业绩、基金经理的投资风格、基金管理公司的团队建设与投研能力是否对基金提供支持等。当然，如果一只基金在过往曾经获得过"金牛奖"这样的荣誉，也是一个很好的加分项。

上述 3 个步骤是环环相扣的：资产配置能反映 FOF 基金的基金经理对大方向的把握能力；细分基金能表现出 FOF 基金的基金经理对市场的研判能力，还能看出其投资思维是否具有某种程度的前瞻性；最后一步则体现 FOF 基金的基金经理对具体基金的掌控能力。做好以上 3 点，FOF 基金才能获取好的收益。投资者也可以通过考察上述 3 个步骤的具体完成情况，来判断一只 FOF 基金是否值得投资。

11.4.3　FOF 基金的配置策略

想要投资 FOF 基金，考察的重点一定是看它的资产配置策略。资产配置策略很多，美林时钟策略、桥水全天候策略、"核心＋卫星"策略、杠铃配置策略、目标日期策略、风险平价策略、目标风险策略等都是业内当前正在使用的方法。这当中，美林时钟策略最受业内推崇，是普遍适用的一种投资策略。

美林时钟策略，是指一种大类资产在经济周期波动下，资金在诸如股票、债券、大宗商品等不同市场之间来回流动，其流动轨迹首尾相接，类似一个时钟指针在走动。当然，这种轨迹是有规律的，而美林时钟策略就是对这种有序轮动规律的总结。

这种策略之所以叫美林时钟策略，是因为其理论是美林银行的一位分析师总结出来的。该分析师于 2004 年详细分析了美国资本市场从 1973 年到 2004 年的数据变动情况，发现经济由衰退、复苏、过热、滞胀再转向衰退的过程中，资金流向呈现出时钟轨迹般的规律，从而提炼出金融产品在不同市场条件下如何有效配置的方向与思路。随着我国金融市场与国际市场接轨的步伐越来越快，美林时钟策略也被越来越多的投资者了解并熟知，有些经验丰富的投资者开始试图用美林时钟策略对国内市场进行解读。下面看一下美林时钟策略的 4 个阶段。

经济增长与通胀是美林时钟策略参考的核心指标。经济增长与通胀是一个周期循环的过程，分为经济好与低通胀、经济好与高通胀、经济差与低通胀、经济差与高通胀 4 个阶段，对应的就是复苏、过热、滞胀和衰退 4 个经济周期，并且不同的经济周期都有某类资产占据优势，如债券、股票、大宗商品或现金。

美林时钟策略的理论前提是：在不同经济周期中，即使是同一类金融资产，其表现效果也不尽相同。同理，也会有某一类金融资产与一些行业在经济变化周期里表现出某种优势。例如，股市中的周期类股票，其业绩往往在经济上行期间出现增长。与此对应的是，一些具有防御特征的行业股票，如医药、消费、公共事业等股票，往往在经济下行阶段凸显自身价值。

下面分阶段描绘美林时钟的转动规律，感兴趣的读者可以上网搜索美林时钟的示意图，如此能更好地理解美林时钟策略。

阶段一：通胀下行的经济复苏期。这一阶段经济开始逐渐恢复，部分企业开始盈利或已经进入到盈利阶段，股票行情明显好转，牛市初期特征出现。但此时资本尚未得到充分利用，货币政策依然保持宽松，债券资产价格平稳，物价也在低位运行，大宗商品价格缺乏吸引力。此时应构建股票与债券的投资组合，选择汽车、家电、零售百货、传媒等消费类行业进行投资。

阶段二：高通胀下的经济过热期。此阶段人们消费欲望强盛，物价开始上涨，大宗商品价格已经走强，市场出现经济过热的苗头。偶尔出现的加息消息引不起投资者的注意，债市表现相对较差，大宗商品和股票是较好的投资选择。

阶段三：高通胀下的经济滞胀期。这个时候通胀高企，物价延续上涨势头，大宗商品虽然表现尚可，但由于利率开始上升，导致实体经济萎缩，企业盈利也开始恶化，股票受到负面影响后会成为高风险投资品种。此时，投资者开始收缩投资，"现金为王"的观点受到热捧，货币基金收益率大涨，成为这一阶段最火热的投资品种。

阶段四：低通胀下的经济衰退期。这个时期经济增长已经乏力，失业率开始增加，资本过剩导致大宗商品价格持续下降，亦使得通胀持续走低。为维持经济的稳定，央行会采取降息的方法刺激经济复苏，提高债券的收益以活跃市场。此时，商品投资是最劣的选择，债券投资成为较好的投资机会。

上面所讲即是美林时钟策略的基本理论框架，它可以作为金融机构调整旗下资产组合比例的重要参考，同时也是 FOF 基金进行资产配置的重要参考。

由于 A 股市场体系建设还不成熟，资产价格切换速度较快，美林时钟策略引入国内后显得有些水土不服，未能对机构起到很好的策略引领作用。中泰证券后来根据 A 股市场变化规律，对美林时钟策略进行了改造，从产出、通胀、政策、其他大类资产 4 项指标出发，发展出了中泰时钟策略，以此考察经济周期的变化。由于更加贴合 A 股的实际情况，该策略预判效果颇为理想。

FOF 基金基本借鉴了美林时钟策略进行资产配置时主要通过以下步骤来完成。

（1）预估市场风向。机构在进行资产配置时，会通过对 CPI 增速、PMI 指数、工业增加值等指标的跟踪，确定相应的投资时钟阶段，制定大致的投资方针。

（2）确定具体基金。在对经济周期作出判断后，投研团队会根据基金所投资的行业比例进一步搭配不同类别的基金。这当中，基金类别和行业比例这两个方面受美林时钟策略的影响最大。一般来说，时钟周期内处于优势的投资品种需要大比例配置，而处于衰退期的投资品种只能进行防御配置。从行业角度来说，如果稳健的诸如医药等消费行业得到青睐并被大比例配置，那么波动较大的诸如石油等周期类大宗商品资产就会被减少配置甚至不予配置。

美林时钟策略的优点是具有明显的市场规律，但其缺点也很突出，就是面对诸如 A 股这样的新兴市场还有些不适应，因此也很难快速做出反应。投资者如果想要借鉴美林时钟策略进行个人资产配置，最好是结合 A 股市场的特点进行，如采取"指数＋行业"的模式，这样效果可能会更好。

股市里盈亏的差别就好像"天堂"与"地狱"一样，其实这样的比喻也适用于基金中的分级基金。

12.1　分级基金概述

只要有一个支点，就能用杠杆撬动起收益，这就是分级基金。

12.1.1　什么是分级基金

分级基金又叫结构型基金，指的是将基金收益或净资产进行分解，把一个投资组合分拆成两级（或多级），且风险收益具有差异化的基金品种。

一只基金产品能分为两类或多类份额是分级基金的主要特点。基金被分拆后，不同的基金份额对应不同的收益分配，但各子基金净值与份额占比的乘积之和依然等于母基金的净值。如果母基金净值分拆成两类基金份额，则母基金净值用公式表示为：母基金净值 ＝ A 类子基金净值 ×A 类子基金份额百分比 ＋ B 类子基金净值 ×B 类子基金份额百分比。

如果基金没有被拆分，母基金本身就是一个普通的基金。

一组典型的分级基金由 3 部分构成。

（1）母基金。场外开放式基金，投资者可以通过基金管理公司办理基金份额的申购与赎回。

（2）稳健的子基金份额。该类份额又称"分级 A"，其基金净值是每日增长的，收益率在条款中已经事先约定，且份额可在证券交易所上市交易。

（3）激进的子基金份额。该类份额又称"分级B"，市场上所讲的分级基金或杠杆基金通常指的就是这一类份额。该类份额也在证券交易所上市交易，其收益等于母基金收益减去分级A的约定收益。

如何理解分级基金呢？有一个粗浅的例子解释得很好。有一位父亲有两个儿子，哥哥A老成稳重，弟弟B喜欢冒险，父亲给两个儿子各100万元支持他们创业。哥哥A找不到好项目，而弟弟B想投资但资金不够，于是二人达成一个投资意向，哥哥A把钱借给弟弟B去投资，投什么哥哥A不管，但弟弟B必须保证做到以下两条：一是给哥哥A一个固定收益作为回报；二是弟弟B投资需要有一个亏损底线，触及底线就要平仓。比如200万元亏到只剩125万元时就必须停手，此时哥哥A可抽走75万元止损，剩余的50万元每人分25万元。也就是说即使发生巨亏，哥哥A本金无忧，亏的只是弟弟B的本金。当然，如果投资成功，除了事先的固定收益，哥哥A一分钱也拿不到，收益全归弟弟B所有。

上例中，父亲是指母基金，哥哥A和弟弟B分别代表分级A与分级B。分级A可以优先享受收益分配，但因为风险低所以收益也低。分级B的收益是分级A享受后的剩余收益，且风险较高，也正因如此，其收益也较高。简单理解，分级B其实是借用了分级A的资金来放大自己的收益和风险，这就相当于加杠杆。由于是第一次加杠杆，所以把这样的杠杆称为初始杠杆。

初始杠杆倍数计算公式：初始杠杆倍数＝（A份额净值＋B份额净值）÷B份额净值。

通常情况下，分级B的初始杠杆是2倍左右。

向人家借钱就要支付利息，这个利率是事先约定的，也就是年化收益率。一般在基金招募说明书中对收益都有明确的约定，并且通常是以银行一年期存款利率加固定利率方式呈现的。假设一只母基金净值为1元，共有10万份额流通，资产总计10万元。母基金分拆后，分级A和分级B各5万份额，年底母基金收益率为10%，也就是赚了1万元，那么分级A和分级B各收益多少呢？查阅该基金关于收益的具体约定，假设约定利率是5%，分级A的收效＝50 000×5%＝2 500（元），收益率为5%；分级B的收益是母基金收益减去分级A的收益，分级B的收益＝10 000－2 500＝7 500（元），份额是5万份，其收益率就是15%。

为什么分级 B 的收益是分级 A 的 3 倍，而且其收益率比母基金的收益率还大呢？这就是杠杆的作用。同样的市场状况，如果单独投资分级 B，由于杠杆的存在，分级 B 的收益会被放大，所以看起来收益更多。当然这是盈利的情况，如果投资亏损，杠杆也会把分级 B 的亏损成倍放大，这就是分级基金，准确地说是分级 B 高风险高收益的原因所在。

还是上面的例子，如果不考虑母基金，只考虑分级 A 与分级 B，假设分级 B 实现 10% 的收益，也就是赚了 5 000 元，那么二者实际各得多少呢？如果当年银行存款利率为 3%，那么分级 A 这部分收益就是 1 500 元；约定收益为 5%，这部分收益就是 2 500 元，分级 A 的收益就是二者相加的数值 4 000 元。如此一来，分级 B 只能得到 1 000 元。从中也能看出来，即使是盈利，加了杠杆的分级 B 有时候收益还是赶不上分级 A，此时分级 B 扮演的就是一个给分级 A "打工" 的角色。

分级基金结构独特，收益计算也略显复杂，因此并不为投资者所熟知，其与 FOF 基金一样只是一个小众的投资工具。不过作为一种投资工具，分级基金有自己的投资优势。

（1）形式多样，无论是低风险还是高风险的投资需求，分级基金都能满足。

（2）便于投资者根据自身特点和市场走势灵活地进行资产配置。

（3）为投资者提供另一种基金投资方式。

由于设计的时候添加了杠杆，分级基金的风险就被放大了，具体表现在以下方面。

（1）利息以母基金（一般是指数基金）方式支付而不是现金，如果赎回，需要支付 0.5% 的赎回费。

（2）一旦把资金借出，就不能以现金形式取回本金。要想取回资金，分级 A 只能通过证券交易所进行交易，且交易是折价交易，就是分级 A 净值为 1 元时，交易价格仅为 0.9 元甚至是 0.8 元。

（3）利率变动对分级 A 当年固定收益影响很大。通常情况下，银行部分的收益约定以当年 1 月 1 日的利率为准，很显然，如果利率走高会直接影响分级 A 的收益。

由于分级基金或者说分级 B 的风险很高，为了保护中小投资者，上交所、深交所发布了《分级基金业务管理指引》，并于 2017 年 5 月 1 日起开始实施，里面最重要的一项条款就是将分级基金的投资门槛提高到 30 万元。这也意味着，大部分中小投资者已经不能参与分级基金的投资了，即使能参与，也要充分考虑到它的高风险。

12.1.2 基金分类与认识误区

分级基金是英国人发明的，从1965年5月有了第一只分级基金开始，其历史不过五十余年。20世纪80年代，美国引入分级基金制度，一开始，这一制度并没有受到重视，直到20世纪90年代以后，分级基金突然迅速发展起来。2007年，我国第一只分级基金"国投瑞银瑞福"在A股面世，两年后分级基金的发展开始加速，到2015年，分级基金净资产已达到2 000亿元，其中分级B的份额达到1 000亿份。

分级基金已经属于拆分后的基金了，因此其分类相对比较简单，就是根据基金存续时间、投资方式以及投资目标进行划分。

基金按存续期进行划分很简单，就是将基金分为固定存续和永续两种类型。固定存续基金指基金存在有时间限制，或是5年，或是10年，合约到期后基金管理清盘，基金管理公司进行资产核算，然后把资产退还给投资者。永续基金没有时间限制，如果不发生基金清盘，可以一直交易下去。

基金按投资方式进行划分也很简单，就是将基金分为指数型和主动管理型两种。

基金按投资目标进行划分也不复杂，有指数型宽基分级、行业分级和主题分级3种类型。

分级基金的高风险体现在分级B上，至于分级A以及母基金，与寻常基金其实没什么区别。但是分级A还有一个亮点，就是在所有基金理财产品的宣传中，分级A是唯一可以使用"约定收益率"这种明确收益做宣传的基金。投资者对分级基金的认识应避免陷入以下几种误区。

误区一：分级基金都属于高风险投资产品。有这种认识的投资者多数是因为不了解分级基金的内在原理，少部分是遇到过分级B的下折，实际上固定比例的约定收益是分级A的收益来源，因此投资分级A风险其实很低。

误区二：分级A都能保本保息。认为分级A可以保本保息的投资者，是看到基金条款中有约定收益这一项内容。实际上，这里的约定收益需要将分级A

折算成等值的母基金，再将份额赎回才能实现。如果有时间限制，最好是在基金到期前 2 ~ 3 个月卖出分级 A 份额，这样可以实现保本保息。如果在到期后采取折算的方式进行，假设折算后的母基金净值发生波动，分级 A 此时是不能保本的，因为它也要跟随母基金承担转型停牌期的涨跌风险。对于永续型分级 A 来说，由于没有时间限制，当债券收益率大于基金约定收益率时，分级 A 有折价交易风险；当约定收益率高于债券收益率，基金处在溢价交易状态时，一旦发生向下折算，原有溢价的 75% 会受损；如果分级 A 不幸遇到没有向下折算条款的分级 B 基金（如申万收益、银华 H 股 A）时，容易出现因为分级 B 没有收益而让约定收益成为一纸空文的风险。

误区三：母基金是 LOF 分级基金。有些投资者误将拆分后的子基金看作封闭基金，从而认为分级 A 或分级 B 可以单独折价交易。实际上，即使母基金是 LOF 基金，子基金还是属于开放式基金，只不过子基金必须符合前面的公式，即各子基金净值与份额占比的乘积之和等于母基金的净值。只有母基金是封闭基金、半开放半封闭基金，子基金才会被视为封闭基金。

误区四：认为分级 B 的溢价率和杠杆率存在正比关系。实际上，当分级 A 和分级 B 上市交易后，由于约定收益和债券收益率之间始终存有差异，导致分级 A 要么折价交易，要么溢价交易。至于分级 B，由于套利机制的存在，导致其也存在溢价或折价交易。简单理解，假如医药分级 A 约定收益率高于市场认可的利率，那么医药分级 A 溢价交易的时候，医药分级 B 即使有再高的杠杆率，还是要折价交易，这样二者才能满足母基金的净值平衡。

如果分级 B 也是溢价交易，那么其与分级 A 合并后就会产生成本高于母基金净值的现象，这会引来大量资金进行套利。对于封闭式分级基金而言，因为不存在配对转换机制，一旦分级 B 交易价过高，临近基金到期日时，交易价容易向净值回归，导致基金的风险很大。

12.2　分级基金常识

"工欲善其事，必先利其器。"想要运用分级基金这种投资工具，先了解一些常识还是很有必要的。

12.2.1 分拆与合并

分级基金最显著的一个特征，就是由 3 个基金共同构成，且可以在 3 个基金之间进行分拆与合并的操作。

1. 分拆

想要对母基金的份额进行分拆，必须是场内基金。如果基金份额是在场外账户上，投资者必须通过转托管的操作将基金份额转到场内，再按照约定比例进行分拆。至于场内基金，可以直接在证券交易软件上操作。

假设一位投资者在场外申购了 1 000 份母基金份额，经过转托管操作后将份额转到场内，如果约定的比例是 1∶1，此时他就可以在证券账户上将母基金份额进行分拆，软件会自动按照约定比例将母基金份额分拆成 500 份分级 A 和 500 份分级 B 份额。分拆后，这两种基金份额就可以像股票一样进行交易。

图 12-1 所示是证券交易软件中基金分拆功能项。

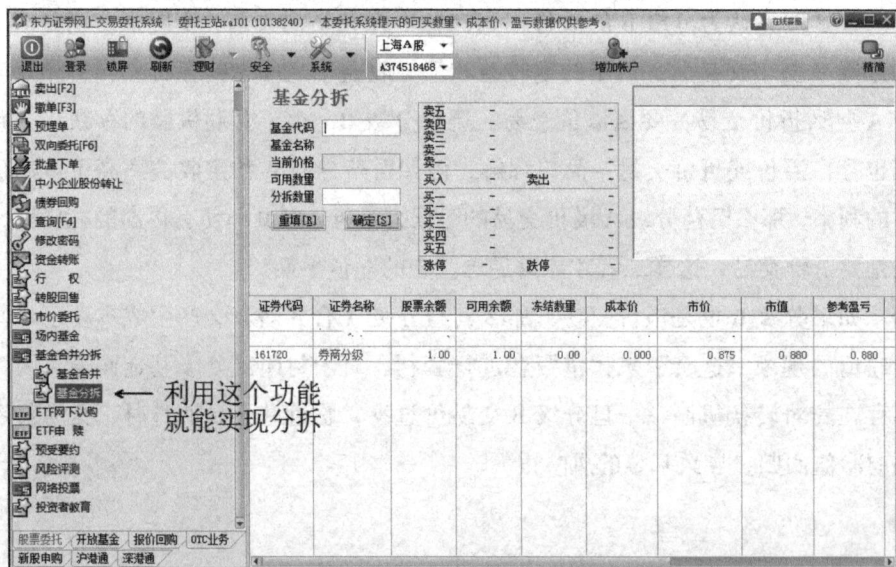

图 12-1　基金分拆功能项

2. 合并

分级基金的合并就是分拆的反方向操作。按照要求，分级 A 与分级 B 的最小合并单位都是 100 份，通过配对系统可以合并成 200 份母基金份额。

合并的操作与分拆类似，可以参看图 12-1，只是选项不同。

合并可以产生利差，如果投资者发现分级 A 与分级 B 即使合并，其价格仍然低于母基金净值时，可以通过证券账户在场内买入分级 A 和分级 B 份额，然后合并成母基金份额并在场外市场赎回。

下面看一下分级基金在沪深交易所分拆与合并的流程。

深交所：T 日买入子基金后即可合并，$T+1$ 日可赎回；T 日申购母基金后 $T+1$ 日可分拆（自己计算分拆份额），$T+2$ 日份额到账，可卖出子基金。

上交所：T 日买入母基金后即可进行赎回、转出或分拆的操作；T 日申购母基金份额，$T+2$ 日可进行卖出、分拆与赎回的操作；T 日买入子基金后即可合并交易；T 日合并母基金后即可卖出或赎回；T 日分拆后即可卖出；指定交易当天不能申购与赎回，但可分拆与合并，分拆后的子基金当天不可以再合并。

12.2.2　分级基金的净值计算

分级基金的净值计算相对复杂一点，原因是它涉及 3 个构成部分，不过也不要紧，计算时只需把握净值恒等式这一个原则。

什么是净值恒等式？净值恒等式的原理就是母基金的净值等于分级 A 与分级 B 净值之和。原因很简单，分级 A 和分级 B 是母基金分拆出来的。假设分级 A 与分级 B 各有 1 000 份基金份额，净值也都是 1 元，根据净值恒等式原则，那么合并后母基金的净值就是：母基金净值＝ 1 000 × 1 + 1 000 × 1 = 2 000（元）。

这个原则很重要，无论分级 A 和分级 B 的份额如何变化，最后在做基金合并时，母基金的总份额是不会改变的。

假设一只分级基金在某日收市后资产净值为 60 亿元，此时母基金份额为 24 亿份，分级 A 和分级 B 份额各为 18 亿份，二者的净值应如何计算？

相同的基金份额说明分级 A 与分级 B 是按照 1∶1 的比例进行分拆的，如果合并，母基金的份额就是二者份额之和，再加上母基金自身原有份额，则母基金全部份额＝ 24 + 18 + 18 = 60（亿份）。知道整体份额，母基金单位净值就可以计算了，即＝ 60 亿元 ÷ 60 亿份＝ 1 元 / 份。

下面介绍分级 A 单位净值的计算。

查阅该基金的收益约定条款，这里假设条款内容为"一年期定期存款利

率 + 3%，且上限为 12%"，如果当年银行存款利率也是 3%，可以知道分级 A 到期收益率就是 6%×（3%＋3%）。如果投资者持有分级 A 一年，则分级 A 的单位净值为 1.06 元。掌握算法后分级 A 任意时间上的净值都可以计算。假设今天是今年的第 n 天，那么第 n 天分级 A 单位净值的计算公式为：分级 A 单位净值＝1＋（n÷365）× 年约定收益率。

下面看分级 B 单位净值的计算。

前面介绍过，按照约定，分级 A 具有收益分配的优先权，母基金净值将优先分配给分级 A，分级 B 只享有剩余收益，因此，分级 B 的单位净值＝母基金单位净值（2 份）－分级 A 单位净值（1 份）＝2×1－1.06＝0.94（元）。

因为只有分级 B 具有杠杆属性，所以投资者一般认为的分级基金指的就是分级 B，也更关心它的净值变化。为此一些专业基金网站会每天更新分级 B 的净值变化，投资者只需登录查看而不用自己计算。

图 12-2 所示是天天基金网公布的 2019 年 1 月 24 日和 1 月 25 日部分分级基金净值。

序号	基金代码	基金简称	相关链接	2019-01-25		2019-01-24		日增长值	日增长率
				单位净值	累计净值	单位净值	累计净值		
1	150037	建信进取	档案 吧 历史净值	1.4700	---	1.4530	---	0.0170	1.17%
2	150172	申万菱信申万证券分级 B	档案 吧 历史净值	1.4589	---	1.4663	---	-0.0074	-0.50%
3	150344	融通证券分级B	档案 吧 历史净值	1.4340	0.0900	1.4400	0.0900	-0.0060	-0.42%
4	150302	华安中证全指证券公司分级B	档案 吧 历史净值	1.4296	0.0567	1.4380	0.0570	-0.0084	-0.58%
5	150224	富国中证全指证券公司分级B	档案 吧 历史净值	1.4290	0.0280	1.4370	0.0280	-0.0080	-0.56%

图 12-2　部分分级基金净值

除专业基金网站外，各大基金管理公司也会公布自己旗下分级基金的净值情况，投资者也可以到基金管理公司官网查找。

12.2.3　分级基金的折算

分级基金（或说分级 B）的高风险主要体现在折算上。许多投资者只看到分级 B 的杠杆属性可以放大收益，却不了解折算这个机制也可以让投资者遭受较大的损失。例如，2015 年 8 月 25 日，"富国创业板 B"基金发生下折，投资者单日亏损高达 67%。由此可见，折算是分级 B 的重点所在，想要利用好分级 B 的杠杆属性，先要掌握折算的相关知识。

折算只发生在分级基金中。折算其实是一种针对母基金、分级 A 和分级 B 的特定条款，作用是保护分级 A 的收益，同时防止分级 B 净值归零。折算看起来与拆分有些类似，实际上折算的复杂性远超拆分。

折算分定期折算和不定期折算两种。定期折算就是分红，是在约定时间按照约定收益比率给分级 A 持有者分红的过程。定期折算的具体做法如下：净值高于 1 元的部分要转换为母基金份额，参照标准就是母基金净值，随后分级 A 净值回到 1 元重新交易，转换部分派发到分级 A 投资者账户，过程中分级 B 份额和净值不进行调整。

不定期折算有两种形式，即向上折算（简称"上折"）和向下折算（简称"下折"）。造成投资者亏损的就是下折，投资者需要对此深入了解。

为什么要折算？折算其实就是为了保持杠杆的初始平衡，避免杠杆过高或过低。

（一）定期折算

下面介绍定期折算如何计算。假设某只分级基金的母基金净值为 0.831 元，分级 A 净值为 1.057 5 元（当年约定收益为 5.75%），基金管理公司发布公告进行定期折算。如果投资者持有 100 份分级 A，折算前其价值就是 105.75 元。母基金净值在折算后要进行调整，调整后的净值＝（0.831 − 0.057 5）÷ 2 = 0.386 8。分拆成分级 A 与分级 B 需要两份母基金，由于是求分级 A 类收益情况，所以算式中要除以 2。折算后 100 份分级 A 份额不变（净值回到 1 元），多出的是母基金份额，多出多少呢？用分级 A 收益 5.75 除以调整后母基金净值 0.386 8，等于 14.87 份（多出份额），合计为 114.87 份。卖出后获利的 14.87 份额数就是分级 A 的实际收益部分。

（二）不定期折算

分级基金的不定期折算一般与母基金和分级 B 的净值大幅下降或上升有关。

1. 向上折算

杠杆回拨的过程叫"上折"。按照约定，当母基金净值上升到某个设定水平（如 1.5 元或 2.0 元）时，分级 A 和分级 B 的净值就要回到 1 元重新交易，净值超出部分将转换成母基金份额进入投资者账户。

假设某只基金有如下约定条款："母基金净值达到 2.0 元时，本基金将进行不定期折算。"

这样的规定意义何在？主要是考虑到分拆的需要。现假设分级 A 的净值此时为 1.058 元，按照收益分配约定，母基金净值达到 2 元时，分级 B 的净值＝ $2.000 \times 2 - 1.058 = 2.942$（元）。此时，分级 B 的杠杆就发生了变化。初始杠杆是 2 倍，即 2 份母基金净值除以 1 份分级 B 净值（$2.000 \div 1.000$），而现在的净值则为 1.36 倍，即 2 份 2 元的母基金净值除以 1 份分级 B 净值（$4 \div 2.942$）。分级 B 的特点就是带有杠杆属性，现在杠杆率减小，除了违背分级基金设计的初衷，对投资者的吸引力也会下降。而上折的过程，就是将分级 B 的杠杆率再度恢复到原始值，这样分级 B 的作用就得以继续存在。

上折多发生在牛市中，即使投资者搞不懂具体的计算过程，在牛市中多参与分级 B 的交易其实也是可行的策略。因为有 2 倍杠杆的存在，牛市中的收益会被放大。

2. 向下折算

熊市阶段容易诱发"下折"，下折的目的很明确，就是亏钱了之后要保护分级 A 投资者的利益。下折是有条件的，通常情况下的约定是分级 B 净值跌至 0.25 元时会触发下折，术语叫"触动阀值"。一旦达到条件，分级 A 和分级 B 的净值将回到 1 元重新交易。对于分级 B 来说，净值由 1 元跌到 0.25 元，意味着亏损了 75%，所以其基金份额也将按照这个比例进行缩减。至于分级 A 的基金份额，与分级 B 对应的部分将保持不变，其他部分的基金份额（分级 B 净值在 0.25 元时比例为 3/4）将转换为母基金份额。

由于面临下折，分级 B 的杠杆比率此时达到最高，约为 5 倍。市场一旦反弹，即使微小的收益也会因为被放大到 5 倍而显得异常巨大，因此，许多投资者会在分级 B 接近下折条件时进场博反弹。如果成功，自然获利巨大，倘若失败，分级 B 下折后的亏损也相当惊人。

下折的具体进程是，下折后分级 A 和分级 B 的净值重新回归到 1 元，基金份额按比例缩减。以分级 A 和分级 B 原先各有 10 000 份份额为例，分级 B 在下折后基金份额按 3/4 比例缩减，最后仅剩 2 500 份。为了保持杠杆平衡，分级 A 也会进行同比例缩减，10 000 份基金份额也仅剩 2 500 份，但因为有约定条款，分级 A 会从母基金那里得到 7 500 份净值为 1 元的母基金份额作为补偿。这样一来，分级 A 的投资者没有丝毫损失，反而可以通过赎回份额提前收回本金。

分级 B 的投资者就很悲惨，除了份额缩减，如果买入时溢价较高，还要承担溢价部分的损失。例如，前面提到的"富国创业板 B"基金，2015 年 8 月 25 日这一天，该基金收盘价是 0.305 元，而净值却仅为 0.1 元，溢价率高达 205%。假设有投资者当天以收盘价买入 10 000 份该基金，市值就是 3 050 元。下折后基金份额仅剩 1 000 份，市值为 1 000 元，一天的亏损幅度便达到了 67%。

12.3　分级基金进阶

分级基金多以股票基金为主，也有少量分级基金属于债券基金。不管是哪一种，普遍采用融资分级模式。

所谓融资分级模式，指的是分级 B 向分级 A 借钱投资，二者是一个投资整体，但分级 B 需要每年向分级 A 支付约定利息，其后的总体投资盈亏都由分级 B 承担。

12.3.1　分级 A 的收益特征

分级基金中的母基金与其他基金没什么不同，都分为股票基金和债券基金。拆分后的分级 A，根据约定收益这个特征可分为有期限分级 A 和永续型分级 A 两类。

分级 A 的独特优势，就是在宣传时可使用"约定收益率"这种明确具体收益的字样。也正因如此，分级 A 就受到那些本金少却想要固定收益，且只愿承担低风险的投资者欢迎。

（一）有期限的分级 A

有固定期限是此类分级基金的特点。基金到期后分级 A 与分级 B 将同时终止上市。如果不想基金退市，也有两种办法，一是合并成为 LOF 基金，二是合并为母基金然后再次拆分。

有固定期限的分级 A 分两种，下面介绍其具体情况。

1. 场外定期申赎分级 A

银行是此类基金的主要销售场所，代售渠道则是证券公司。此类基金有一段时长为 3 个月或 6 个月的封闭期，开放后可按照净值赎回。通常情况下该类基金会被投资者拿来与银行同期理财产品进行比较，基金约定收益率高则申购基金，基金约定收益率低，其份额会被投资者赎回，转而购买银行同期理财产品。

2. 场内交易的有期限分级 A

该类基金期限与收益确定，因此价格波动很小，投资者只需买入并持有至到期即可。该类基金年化收益率的计算公式为：年化收益率＝［（到期净值－现交易价）÷ 现交易价 ÷ 剩余天数］× 365 天 × 100%。

有一点需要注意，有几只基金从时间上看是永续存在的，但其实它们都可以定期折算并按照净值赎回，或者以净值转为母基金赎回，因此，这类基金也属于有期限分级 A。这些基金具体有新双盈 A（000092）、信诚志远 A（550015）、中欧鼎利 A（150039）、德邦德信 A（150133）。

（二）永续型分级 A

永久存在是此类基金的特点。下折时该类基金可保障本金安全，到约定周期时净值超过 1 元的部分还可以参与定期折算，此外还可以与分级 B 合并，以母基金形式赎回。该类基金可以在场内交易，如果母基金距离下折所需跌幅大于 10% 以上，此时基金交易价对债券收益率、货币基金收益率、逆回购利率的波动高度敏感。由于有补偿约定条款，分级 A 其实风险较低，可以看成是"存本取息"的永续债券。

永续型分级 A 分两种，一是低风险永续型，二是高风险永续型。

1. 低风险永续分级 A

分级 A 的风险高低取决于其匹配的分级 B 是否有下折的约定。如果有，那么分级 A 就相当于最长限期的 10 年期高评级信用债，其收益率也会向分级 B 看齐。知道 10 年期高评级信用债的收益率，就能算出分级 A 的市场参考价。

分级 A 参考价＝约定收益率 ÷ 信用债即期收益率（10 年期高评级债券）+ 基金净值－ 1。

如果基金收益率高于债券收益率，基金属于溢价交易；反之，基金属于折价交易。

基金投资入门与进阶指南

假设有一只永续分级 A，净值是 1.01 元，约定收益率是 6%，如果当前十年期高评级债券收益率为 6.95%，根据公式计算出的基金交易价格是：分级 A 交易价 = 6% ÷ 6.95% + 1.01 − 1 = 0.873（元）。

图 12-3 所示是部分低风险永续分级 A 的约定收益。

基金简称	基金代码	约定收益率	现行约定	定期折算日
互利 A	150066	一年定存利率 + 1.5%，动态调整	4.50%	每年 1 月 1 日
银华稳进	150018	一年定存利率（税后）+ 3%	6.00%	每年 1 月 1 日
资源 A	150100	一年定存利率（税后）+ 3%	6.00%	每年 1 月 1 日
信息 A	150179	一年定存利率（税后）+ 3%	6.00%	每年 1 月 1 日
证券 A	150171	一年定存利率（税后）+ 3%	6.00%	每年 1 月 1 日
诺德 300A	150092	一年定存利率（税后）+ 3%	6.00%	每年 3 月 13 日左右，不参与上折

图 12-3　低风险永续分级 A 的约定收益

永续分级 A 收益率的计算相对复杂，这里不再说明。

2. 高风险永续分级 A

该类基金对应的分级 B 净值一旦小于或等于下折阀值时，分级 A 不但将与母基金同涨同跌，而且当母基金下跌造成净值低于 1 元时，分级 A 在定期折算日将不能按时得到约定收益，甚至本金都要受损，就相当于信用债违约了。分级 B 越接近下折阀值，分级 A 折价交易越严重，只能与分级 B 合并赎回。但是，如果母基金净值维持在 1 元之上，该类基金与有下折担保的低风险分级 A 权益相同。

该类基金收益率计算更加复杂，这里不过多介绍。图 12-4 所示是市场上存在的高风险永续分级 A 的收益情况。

基金简称	基金代码	份额占比	约定收益率	现行约定	定期折算日
申万收益	150022	50%	一年定存利率 + 3% （不保证按期）	6.00%	每年 1 月 1 日 （净值 ≤ 1 元不折算）
银华 H 股 A	150175	50%	一年定存利率 + 3.5% （不保证按期）	6.50%	每年 12 月 1 日 （净值 ≤ 1 元不折算）

图 12-4　高风险永续分级 A 的收益情况

上述两类基金收益率的计算问题投资者不用担心，一些专业投资网站会实时根据分级 A 价格、是否永续等相关信息自动计算出收益率，投资者只需登录网站查阅即可。

图 12-5 中截取了集思录网站计算出的部分分级 A 收益率。

| A类基金(手动刷新 | | □30秒自动刷新) | | 分级大百科 | | 分级基金投资FAQ | | 分级A轮动模型 NEW | | A类 |
代码	名称	现价	涨幅	成交额(万元)	净值	折价率	利率规则	本期利率	下期利率	修正收益率	2020收益率	剩余年限
150321	煤炭A基	1.037	-0.29%	7.22	1.0090	-2.78%	+5.0%	6.50	6.50	6.323%	会员	永续
150221	中航军A	1.036	-0.10%	42.53	1.0040	-3.19%	+5.0%	6.50	6.50	6.298%	会员	永续
150219	健康A	1.001	0.00%	0.00	1.0040	0.30%	+4.5%	6.00	6.00	6.018%	会员	永续
150123	建信50A	1.015	0.00%	41.57	1.0041	-1.09%	+4.5%	6.00	6.00	5.935%	会员	永续
150223	证券A级	1.035	-0.29%	165.45	1.0070	-2.78%	6.0%	6.00	6.00	5.837%	会员	永续
502057	医疗A	0.980	0.00%	0.00	1.0059	2.57%	+4.0%	5.50	5.50	5.646%	会员	永续
150190	NCF环保A	0.980	0.00%	0.00	1.0040	2.39%	+4.0%	5.50	5.50	5.635%	会员	永续
150325	高铁A端	0.981	0.10%	0.00	1.0035	2.24%	+4.0%	5.50	5.50	5.627%	会员	永续
150327	新能A级	0.982	0.00%	0.00	1.0035	2.14%	+4.0%	5.50	5.50	5.621%	会员	永续
150047	消费A	0.983	-0.30%	0.01	1.0040	2.09%	+4.0%	5.50	5.50	5.618%	会员	永续

图 12-5 部分分级 A 收益率

投资者可根据网站相关数据设定自己的选择条件，合理选择具体的投资品种。

12.3.2 分级 B 的杠杆特征

分级 B 又称杠杆基金，它才是真正意义上的分级基金。分级 B 分 3 种，即股票型分级 B 指数基金、债券型分级 B 基金、反向杠杆基金。

许多投资者搞不清杠杆的概念，实际情况也确实如此，因为杠杆也分为几种，如份额杠杆、净值杠杆、价格杠杆等，它们都有各自的计算公式。考虑到本书的读者，此处不介绍过于复杂的概念和公式，读者只需知道分级 B 自带杠杆就可以。

母基金拆分时大部分依据 1：1 的拆分比例，但有时候也采取 4：6 的比例拆分，当距离下折所需跌幅大于 10% 时（注：无下折基金除外），两种拆分比例的合理交易价是不同的，这一点需要注意。

1：1 比例拆分分级 B 合理交易价 = 分级 B 净值 +（1 − 对应分级 A 约定收

益率÷市场认可收益率）

4∶6比例拆分分级B合理交易价＝分级B净值＋2/3（1－对应分级A约定收益率÷市场认可收益率）

（一）杠杆指数基金

指数基金是跟踪某一类指数的，杠杆的存在会放大指数的收益。杠杆指数基金分两种，一种是有期限的，一种是无期限的。

1.有期限杠杆指数基金

有的分级B具有配对赎回机制，其交易价由母基金的净值和分级A的交易价决定。如果分级A折价交易，分级B就是溢价交易，快到期时变为平价交易。

分级B交易价＝（母基金净值－分级A交易价×分级A占比）×分级B份额杠杆

图12-6所示是部分有期限指数基金折算条件。

基金简称	基金代码	份额占比	份额杠杆	跟踪指数	触发不定期折算条件、其他
中小板B	150086	50%	2倍	中小板指数（399005）	150086净值≤0.25元或母基金净值≥2元，可与150085合并赎回，2017年5月到期转为LOF
商品B	150097	50%	2倍	大宗商品指数（399979）	150097净值≤0.25元或母基金净值≥2元，可与150096合并赎回，2017年6月到期转为LOF
华商500B	150111	60%	1.67倍	中证500指数（399905）	150111净值≤0.25元或母基金净值≥2.5元，可与150110合并赎回，2015年9月到期转LOF
同庆800B	150099	60%	1.67倍	中证800指数（399906）	150099净值≤0.25元折算，净值≥1元定折，可与150098合并赎回，2015年5月到期转为LOF

图12-6 有期限指数基金折算条件

2.永续型杠杆指数基金

此类基金可随时与分级A份额合并赎回。与有期限杠杆指数基金一样，在配对转换机制中，分级A约定的收益率以及市场隐含的收益率决定了分级B的折溢价程度。分级A如果折价交易，分级B就溢价交易；反之也是一样。

图12-7所示是部分永续型杠杆指数基金。

基金简称	基金代码	份额占比	份额杠杆	跟踪指数	触发不定期折算条件、其他
申万进取	150023	50%	2倍（净值约≤0.1元时，为1倍）	深成指（399001）	当净值≤0.1元时，收益和进取净值涨跌幅与母基金相同，名义净值为母基金净值的18%，当母基金净值≥2元且达到连续10个交易日时触发上折
银华锐进	150019	50%	2倍	深证100R（399004）	150019净值≤0.25元或母基金净值≥2元
创业板B	150153	50%	2倍	创业板指（399006）	150153净值≤0.25元或母基金净值≥1.5元
信诚300B	150052	50%	2倍	沪深300（399300）	150052净值≤0.25元或母基金净值≥1.5元
建信50B	150124	50%	2倍	央视财经50（399550）	150124净值≤0.25元或母基金净值≥2元

图 12-7　永续型杠杆指数基金

（二）杠杆债券基金

债券波动没有股票大，但债券基金如果遇到降息周期，价格会大幅上涨，加上杠杆的存在，涨幅会被放大数倍。杠杆债券基金大部分都有期限，永续型杠杆债券基金可与分级A配对，合并成母基金赎回。

1.有封闭期限杠杆债券基金

此类基金母基金多数属于半封闭式基金，其中分级A定期开放申赎业务，但因为申赎费为0，实际上是分级B承担了母基金的各种费用。如果理财产品收益率高于分级A的约定收益率，势必导致分级A遭遇大量赎回，当分级A份额被全部赎回时，分级B失去杠杆作用，成为普通封闭式债券基金。这当中"汇利B""聚利B""增利B""浦银增B"几只基金由于杠杆固定，不在此列。

2.可交易永续型杠杆债券基金

此类基金杠杆固定，如果在场内交易，可随时与分级A合并为母基金赎回。此外，该类基金分级A与分级B合并后，可以根据合并成本与母基金净值对比进行申购拆分套利或合并赎回套利。"鼎利B"和"德信B"两只基金属于该类基金中的另类，二者是按照净值折算为母基金，临近折算时交易价与净值相近，相当于有期限。另外，"多利进取"、"互利B"和"转债B"3只基金，它们大部分或全部折算为自身，依然保持原有折溢价状态，这两点读者要注意。

图12-8所示是部分永续型杠杆债券基金。

债基简称	基金代码	份额占比	份额杠杆	母基金简称、代码	触发不定期折算条件、其他
多利进取	150033	20%	5 倍	嘉实多利（160718）	净值 ≤ 0.4 元折算，3 月 23 日净值 >1 元定折
鼎利 B	150040	30%	3.33 倍	中欧鼎利（166010）	净值 ≤ 0.3 元折算，每 3 年 6 月 16 日定折为母基金再拆分
互利 B	150067	30%	3.33 倍	国泰互利（160217）	净值 ≤ 0.4 元或 ≥ 1.6 元折算
德信 B	150134	30%	3.33 倍	德邦德信（167701）	净值 ≤ 0.4 元折算，每次折算后 2 周年定折为母基金再拆分；跟踪中高企债指数（000833）
转债 B 级	150144	30%	3.33 倍	银华转债（161826）	净值 ≤ 0.45 元或母基金净值 ≥ 1.5 元折算；跟踪中证转债指数（000832）
可转债 B	150165	30%	3.33 倍	东吴转债（165809）	净值 ≤ 0.45 元或母基金净值 ≥ 1.4 元折算；跟踪中证转债指数（000832）

图 12-8　永续杠杆债券基金

12.3.3　分级基金的开通与选择

2017 年 5 月 1 日，上交所、深交所联合发布的《分级基金业务管理指引》新规正式实施。该指引中明确要求，投资者开通分级基金业务需要到证券营业部开户，还要当面签订风险揭示书，这样才算完成开户手续。这样规定是为了维护中小投资者的权益。

想要开通分级基金需具备以下条件。

（1）在投资者名下开立的证券账户及资金账户内的资产，在最近 20 个交易日内不低于 30 万元。

（2）投资者需携带有效身份证，在营业部现场书面签署分级基金投资风险揭示书。

（3）券商工作人员在营业部会对投资者进行风险测试，通过后才能开通分级基金账户。

购买分级基金有两种方式，即场内与场外。通过具有基金代销业务资格的证券公司购买的行为叫场内购买；通过基金管理人直销机构、代销机构购买的行为叫场外购买。

分级 A 与分级 B 上市后，投资者可在二级市场直接进行交易。

挑选分级基金也是一门学问，投资者可参考以下几点进行。

（1）看分级基金的投资范围。行业与板块内的股票走势决定了分级基金的走势，因此，要先选择板块并对其未来走势进行判断，然后再选择分级基金的种类。

（2）要考虑分级 B 的融资成本。分级 B 之所以带杠杆，就是因为它是借钱炒股，所以其融资成本越低越好。

（3）需要考虑杠杆倍数。投资者要根据自己的风险偏好选择杠杆率，杠杆越高风险越大，杠杆越低风险越小。

（4）折溢价情况也要考虑。溢价率越高，意味着分级 B 风险越大；反之风险则越小。

（5）注意流通是否便利。不少分级基金规模偏小，大规模资金进出不方便，因此，交易时规模大的分级基金应优先考虑。

由于具有下折机制，分级 B 有巨亏的风险，除非对折算机制非常熟悉，且对某只分级基金走势有准确的判断，否则参与分级 B 交易时一定要慎重，这是对投资者最善意的提醒。

12.4　分级基金的投资策略

分级 B 与分级 A 是具有不同特征的两类基金，因此，二者之间的投资策略截然不同。

12.4.1　分级 B 的投资策略

分级基金最大的特征就是具备杠杆，而这是分级 B 所独有的，因此它才是分级基金的核心与重点。想要搞懂分级基金的投资策略，首先要从分级 B 入手。由于具有杠杆，分级 B 隐含高风险属性，尽管如此，投资者还是钟情于分级 B 一些天然的投资优势。

（1）投资分级 B 可省去选股的烦恼，并且可以规避个股跑输行业涨幅的风险。由于有杠杆的存在，"只赚指数不赚钱"的说法在分级 B 中不能成立。

（2）没有申购、赎回费用，券商佣金也相对便宜。

（3）分级 B 属于场内交易的品种，交易模式与股票一样，非常方便快捷。

（4）分级 B 几乎涵盖市场所有投资分类。

（5）交易之外分级 B 还能进行风险套利，操作手段丰富。

分级 B 投资风格多样，下面通过图表的形式让读者大体了解一下。

图 12-9 所示是指数类分级 B。

沪深 300 指数	深证 100 指数	等权 90 指数	上证 50 指数	中证 100 指数	中证 500 指数
沪深 300B	银华锐进	中证 90B	上证 50B	MB	中证 500B
中小板指数	创业板指数	创业成长指数	深圳成指	中证 800 指数	中证 1000 指数
中小板 B	创业板 B	国投创 B	深成指 B	中证 800B	华宝兴业

图 12-9　指数类分级 B

图 12-10 所示是行业类分级 B。

金融地产类				TMT 类			资源类		
证券	银行	保险	地产	THT	信息	传媒	资源	有色	煤炭
证券 B	银行 B	保险 B	房地产 B	THTB	信息 B	传媒 B	资源 B	有色 B	煤炭 B
券商 B			地产 B	TMT 中证 B			商品 B	有色 800B	
证券 B 级			地产 B 端				资源 B 级		
医药类			食品饮料类		国防军工类		新兴产业		
医药	医疗	健康产业	食品饮料	酒	军工	国防安全	新能源	互联网	环保
医药 B	医疗 B	健康 B	食品 B	白酒 B	军工 B	国防 B	新能源 B	互联网 B	环保 B
医药 800B		养老 B							

图 12-10　行业类分级 B

图 12-11 所示是主题类分级 B。

基金代码	一带一路主题	基金代码	高铁主题	基金代码	网络金融主题	基金代码	国企改革主题
150266	一带 B	150278	高铁 B	502036	互联金融	150210	国企改 B
150276	一带路	150294	高铁 B 级	502038	网金 B	150296	改革 B
基金代码	重组主题	基金代码	体育文化主题	基金代码	智能家居主题	基金代码	工业 4.0 主题
150260	重组 B	150308	体育 B	150312	智能 B	150316	工业 4B

图 12-11　主题类分级 B

分级 B 的基金数量很多，如何做好相关投资呢？笔者经过研究与实践，提出以下几点建议供参考。

　　（1）日均交易额是选择分级 B 的重要标准。由于分级基金是小众的投资品种，筹码能否快速流通就是一个很关键的问题。如果在交易时不能很好地进出，又或者基金交易价格不能连续进行，投资者很容易陷入流通阻滞的风险。经过长期观察后笔者发现，如果以 10 万元资金为标准，日均交易额在 1 000 万以上的分级 B 属于可选标准，这样可以保证投资者资金能够快速地流动。

　　按照此标准对分级基金进行筛选，符合要求的只有 17 只基金。根据流通的便利程度，笔者将这 17 只基金进行了排序。

　　图 12-12 所示是符合要求的分级 B 的排序。

序号	基金代码	基金简称	序号	基金代码	基金简称
1	150019	银华锐进	10	150185	申万菱信中证环保产业 B
2	150172	申万菱信申万证券行业 B	11	150191	新华中证环保产业 B
3	150182	富国中证军工 B	12	150187	申万菱信中证军工 B
4	150131	国泰国证医药卫生 B	13	150153	富国创业板 B
5	150001	国投瑞银瑞福进取	14	150118	国泰国证房地产 B
6	150013	国联安双禧中证 100B	15	150101	鹏华资源 B
7	150097	招商中证大宗商品 B	16	150086	申万菱信中小板 B
8	150158	信诚中证 800 金融 B	17	150052	信诚沪深 300B
9	150029	信诚中证 500B			

图 12-12　流通性较好的分级 B 的排序

　　从图 12-12 中可以看到，在 17 只基金中，"银华锐进"是目前市场上流通便利性最强的分级 B。

　　（2）尽量选择指数基金。相较于个股而言，不管是大盘指数还是行业指数，投资者的判断相对更加容易，而这也正好是分级 B 的长处。如果投资者经验丰富，还可以构建一个大盘指数结合行业指数的投资组合，这样可以像股票一样进行轮动操作，收益率会更高一点。另外，同样是分级 B，如果选择杠杆率高一点，投资效果会更好。

　　图 12-13 所示是不同行情下适合选择的分级 B。

　　通过图 12-13 投资者就可以根据不同的行情选择适合的分级 B 进行操作。

序号	基金代码	基金简称	适用行情
1	150019	银华锐进	超级大盘股行情
2	150001	国投瑞银瑞福进取	超级大盘股行情
3	150013	国联安双禧中证100B	大盘股行情
4	150052	信诚沪深300B	大盘股行情
5	150029	信诚中证500B	中盘股行情
6	150086	申万菱信中小板B	中小板股行情
7	150153	富国创业板B	创业板股行情
8	150172	申万菱信申万证券行业B	证券行业行情
9	150158	信诚中证800金融B	金融股行情
10	150182	富国中证军工B	军工股行情
11	150187	申万菱信中证军工B	军工股行情
12	150118	国泰国证房地产B	房地产股行情
13	150131	国泰国证医药卫生B	医药股行情
14	150097	招商中证大宗商品B	大宗商品股行情
15	150185	申万菱信中证环保产业B	环保股行情
16	150191	新华中证环保产业B	环保股行情
17	150101	鹏华资源B	资源股行情

图 12-13　适合不同行情的分级 B

图 12-14 所示是白酒分级 B 与酿酒板块走势对比图。

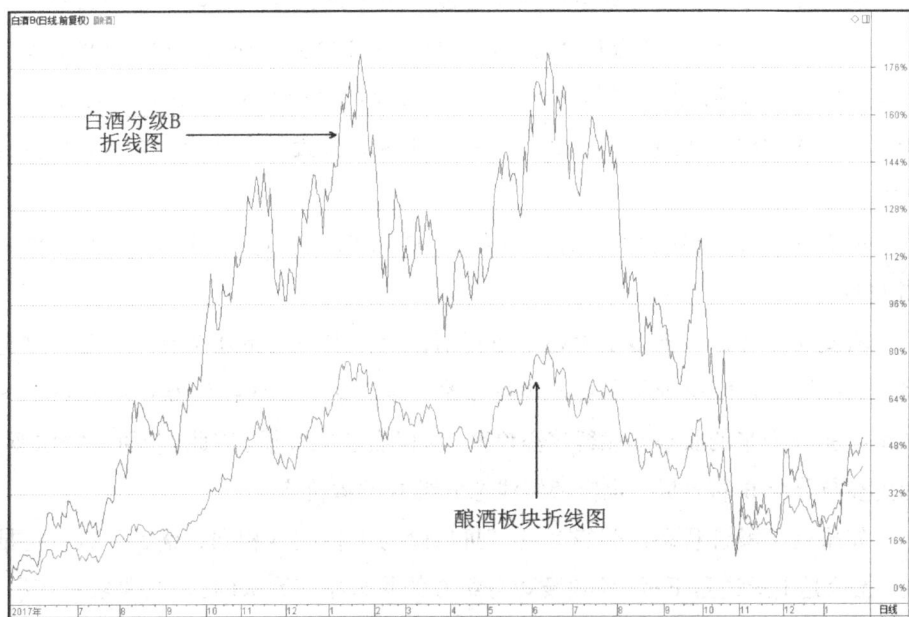

图 12-14　白酒分级 B 与酿酒板块走势对比

从图12-14中可以看到,白酒分级B与酿酒板块在大方向上基本是同涨同跌。之所以白酒分级B走势看上去更为凌厉一点,主要是因为有杠杆特征:不管是上涨还是下跌行情,杠杆都将走势在无形中放大了。

(3)分级B的不定期折算。不定期折算是分级B最大的不确定因素。这是因为基金净值的变化会导致分级B的杠杆率容易出现过大或过小的现象,偏离了最初的设计。为纠正杠杆率的偏离,分级B一般都有不定期折算条款,一旦净值变化触动条款,分级B就会发生折算,这一点投资者一定要谨慎对待。

不定期折算分上折与下折,下面以"富国军工B"基金为例,介绍上折的变化过程。查阅该基金的条款设计,知道该基金分级A与分级B份额分拆比例是1:1,分级B初始杠杆率为2倍。关于不定期折算发生的条件很明确,就是母基金净值达到1.5元,分级B杠杆率变为1.5倍时。为什么是这样的条件设定?因为分拆分级A与分级B需要2份母基金,此时其净值已经是3元,减去1元的分级A净值,分级B净值刚好是2元,杠杆率就为3÷2 = 1.5倍,满足了发生不定期折算的条款设计。

该基金上折时,分级A与分级B的净值分别是1.030元和2.000元,二级市场交易价格分别是0.910元和2.230元。假设有投资者此时买入100份分级B,成本就是223元,上折后基金份额净值回归至1元,分级B以1元的二级市场价格重新开始交易,100份基金份额价值自然是100元。净值超过1元的分级B折算成母基金份额,由于净值达到2元,所以这部分份额是(2.000 − 1.000)×100,共100份额,价值也是100元。折算下来,该投资者所持分级B总价值为200元。

投资成本223元减去折算后基金价值200元等于23元,亏损率= 23÷223 = 10.31%。

前文有介绍,上折多发生在牛市行情,为何参与上折还会有亏损呢?这是因为该投资者是以溢价状态买入该基金的,溢价率= 2.23÷(2.000 − 1.000)= 11.5%,折算带来的收益不能覆盖溢价率,所以会造成亏损。因此,投资者需注意,即使参与分级B的上折,也应特别注意分级B的溢价率。

如果处于溢价状态,分级B的下折风险与上折基本相同,读者可以自行推演。无论是上折还是下折,都需要以分级B的基金净值为基础,只要是溢价状态,参与折算的基金份额都会面临折算风险,投资者需及时做好防范。

12.4.2　分级 A 的投资策略

确保为分级 B 提供杠杆融资是分级 A 的产品设计思路，分级 B 特有的固定收益类权益让分级 A 具有了债券的特征。对投资者而言，固定收益无疑是确定的收益，常规的投资思路就是一直持有，直到分级 A 定期折算，按约定收益率以母基金份额形式作为红利分配到投资者账户，然后以赎回的方式卖出获利。

如果投资者还想精益求精，以下 4 种投资策略也可以尝试。

（1）选择约定收益率高的品种。分级 A 类似债券，在信用等级相同的情况下，固定收益率越高，其价值越高，所以投资者要尽可能选择高收益的品种。

如果分级 A 溢价过高，申购母基金后进行分拆，二级市场卖出分级 A 的套利模式就会成立，分级 A 的市场价格势必会降低。因此，投资者要想购买分级 A，最好等到其出现折价时，并且折价率越高越是交易的好时机。

（2）常规的波段操作。因为有杠杆存在，很多投资者往往都关心分级 B 的走势，其实如果操作得当，分级 A 同样可以创造不菲的收益。

图 12-15 所示是银行分级 A（150299）2018 年 3 月至 2019 年 1 月的日线图。

图 12-15　银行分级 A 日线图

从图 12-15 可以看出，当行情来临时，分级 A 的走势同样波澜壮阔，一点不比正宗的银行股票差。由于基金购买的品种是一揽子银行股票，反倒可以避开表现不佳的个别股票，这也是一个很好的投资思路。

（3）分级 A 的轮动策略。由于分级 A 在交易的过程中会发生高估或者低估的情况，这就给实施轮动策略带来了机会。所谓轮动策略，就是低估买进再高估卖出，通过这种方式挖掘市场错误定价带来的收益。这种策略需不断更新分级 A 的投资组合，以市场收益叠加固定收益的方式，让分级 A 投资组合的隐含收益率最高。

策略一：每月筛选，选择隐含收益率排名前 5 的基金。

每月第 1 个交易日筛选出符合条件的分级 A 基金。第 2 个交易日将上月所有仓位进行平仓处理，按相同比例买进本月选好的分级 A 品种。若上月持仓品种仍在当月选择范围内则予以保留。

当月之内不调换仓位。至下月，重复前 3 个操作。

图 12-16 所示是 2013 年 1 月到 2015 年 1 月分级 A 轮动策略一的实施效果。

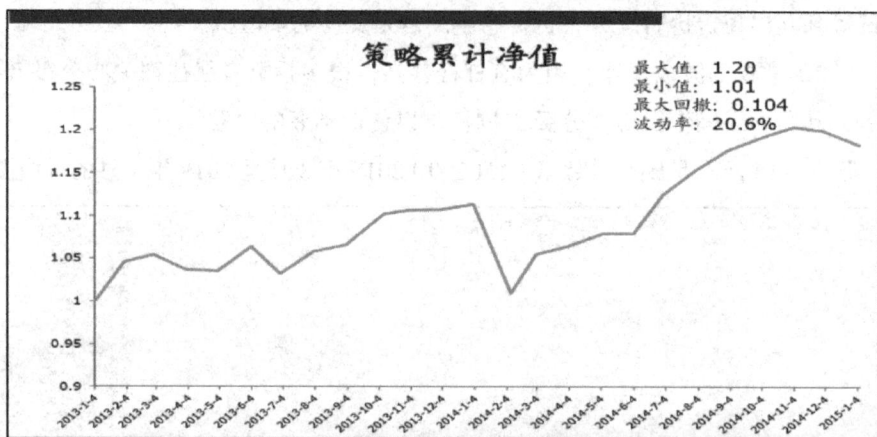

图 12-16　分级 A 轮动策略一的实施效果

策略二：每月筛选，选择成交额和折价率排名都在前 5 的基金。

每月底将分级 A 的成交额指标按由高到低的顺序进行排序，将折价率指标按由低到高的顺序进行排序，在此基础上选择两项排名都在前 5 的基金。

当月第 2 个交易日将上月所有仓位进行平仓处理，按相同比例买进本月选好的分级 A 品种。若上月持仓品种仍在当月选择范围内则予以保留。

当月之内不调换仓位。至下月，重复前 3 个操作。

图 12-17 所示是 2013 年 2 月到 2015 年 5 月分级 A 轮动策略二的实施效果。

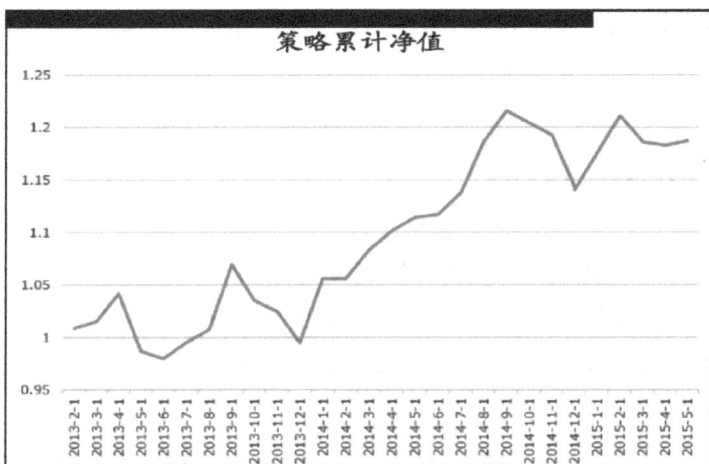

图 12-17　分级 A 轮动策略二的实施效果

从图 12-17 可以看到，相比策略一，策略二的市场表现波动率更大，其净值高点和低点都分别比策略一更高和更低，而且回撤也大，说明该策略隐含的风险较大。

（4）分级 A 的套利。由于收益固定，分级 A 的持有者中有很多深谙规则的大资金持有者，一旦市场提供机会，这些资金的持有者就会利用各种工具进行套利操作。

① 申购套利。该方法需要分级 A 和分级 B 具有一定的的规模，这样才有足够的交易量让大资金进出，如果大资金只能进而不能出，一旦基金价格下跌，大资金也会被套住。

② 赎回套利。该方法很常见，就是利用母基金与分级基金之间场内与场外不同市场的价差来完成套利。

③ 下折套利。这是一种很危险的方法，它是利用投资者亏损时急于回本的搏杀心理来实现的。前面介绍过，分级 B 逼近下折点时杠杆率反而最高，亏损的投资者会采取以小博大的策略加大买入力度，导致母基金出现虚拟价格溢价。母基金净值越接近折算点，其虚拟价格越持续溢价，在距离折算点仅有 5% 的空间时，会出现分级 A 折价率不降反升的现象，此时就是套利者最佳的买入时间点。

除了上述套利方法，其实还有另外一种方法也可以进行套利操作，那就是将申购套利和下折套利的特点结合起来，先申购母基金，然后只卖出分级 B 而留下分级 A，这种方法效率更高。但是，该方法过于复杂，需要很熟悉分级基金的折算机制才行，考虑到本书作为普及读物的特点，这里不向读者进行过多介绍。

12.4.3 分级基金的套利

分级基金由3种不同属性的基金构成，它们彼此之间有分拆与合并通道相互联系，加上独特的条款设计，为整个基金的套利留下了空间。

分级基金整体的套利方法有3种，具体的操作如下。

1. 申购套利

虽然母基金在二级市场不能交易，但分级 A 与分级 B 却可以，通过这两个子基金二级市场的交易价格，能反推出母基金的虚拟交易价格。

分级 A 与分级 B 的市场价格与各自所占份额比例乘积之和，就是母基金的虚拟价格。如果母基金虚拟价格大于其净值且能覆盖交易费用，则可以进行申购套利。

母基金申购费率通常是 1.5%，但如果资金大于 1 000 万元，基金管理公司能为投资者提供 1 000 元封顶的申购费，卖出佣金可以低至 0.03%，基本上就是零费用。

申购套利的具体操作方法如下。

（1）T 日，通过证券账户中"场内基金申赎"子项输入母基金代码，然后进行申购并确认购买金额，完成基金申购。

（2）$T+2$ 日，在股票交易项目下选择"基金分拆"子项，输入母基金代码，确定分拆的母基金数量，将到达账户的基金份额进行拆分。

（3）$T+3$ 日，使用证券账号卖出拆分后的分级 A 和分级 B，赚取套利差价。

2. 赎回套利

如果母基金的虚拟价格低于其净值且能覆盖交易费用，可进行赎回套利。

母基金赎回费率通常是 0.5%，买入佣金可以低至 0.03%。

赎回套利的具体操作方法如下。

（1）T 日，根据约定的对应比例，通过证券账户买入分级 A 与分级 B。有一点要注意，由于没有清算，当天买入的分级 A 与分级 B 份额还不能合并。

（2）$T+1$ 日，分级 A 和分级 B 到达投资者账户，使用证券账户，选择"基金合并"子项，输入基金代码，确定需要的母基金数量并完成已经到账的分级 A、B 基金的合并。

（3）T+2 日，使用证券账户，选择"基金赎回"子项，输入母基金代码和赎回金额，将到达账户的母基金份额赎回。

（4）赎回资金在 T+4 日或更长时间到账。基金管理公司和券商能决定资金到账的时间，但最快也要 T+2 日。考虑到资金到账时间的快慢，投资者进行赎回套利操作时，建议选择规模大一点的券商，这样资金到账时间能快一点。

3. 低折套利

低折套利又叫不定期低点折算，其作用是保护分级 A 投资者的权益。低折套利的具体折算过程前面有过介绍，这里不再赘述。理论上，若分级 A 折价交易价格已经逼近折算点，市场价格应该以上涨来回应；若分级 A 溢价交易价格已经逼近折算点，市场价格应该是下跌的；若分级 B 折价交易价格逼近折算点，价格也应该是上涨的。

以分级 A 折价交易为例，看一下低折后的套利步骤。

（1）T 日，过低的分级 B 净值触发折算条款，基金管理公司需要发布公告，确定不定期折算的日期。

（2）T+1 日，也就是不定期折算的基准日，基金管理公司依据分级 A 与分级 B 收盘时的净值进行折算。

（3）T+2 日，当天基金停牌，折算后的新分级 A 和母基金在当晚到账。

（4）T+3 日，投资者可在次日卖出新分级 A 并赎回母基金。

（5）T+5 日（或者更长时间），基金赎回资金款到账。

12.5　特殊的分级基金

独特的设计条款和复杂的计算过程都让分级基金显得有些另类，这也是它成为小众投资工具的原因。但就在这另类当中，竟然还有更加另类的存在——有两只分级基金竟然没有不定期折算条款存在，即有两只分级基金不会发生不定期折算。下面向读者介绍这两只特殊的分级基金。

12.5.1　银华消费分级混合

银华消费分级混合的基本信息如下。

① 母基金：银华消费分级混合，简称"消费分级"。

② 基金代码：161818。

③ 基金类型：主题投资混合型基金，股票资产 60% ~ 95%。

④ 业绩比较基准：中证内地消费主题指数收益率 ×80% + 中国债券总指数收益率 ×20%。

⑤ 子基金消费 A：150047。

⑥ 子基金消费 B：150048。

⑦ 基金特点：没有上折。

银华消费分级混合的补充信息如下。

① A 份额与 B 份额的分拆比例为罕见的 2 : 8，而不是通常的 1 : 1。

② 无上折条款。

③ 母基金净值低于 0.35 元时触发下折条件。

④ 基金为主动型基金。

当上述几个条款组合到一起时，该基金的分级 A 就与其他基金的分级 A 在性质上有较大区别。

该基金中消费 A 毫无疑问属于强势的一方，悬殊的分拆比例意味着 1 份消费 A 可以控制 4 份消费 B，这就意味着消费 B 只能通过二级市场卖出，而不可能通过与消费 A 合并的方式退出市场，无形之中封闭了二者合并套利的空间。

所谓主动型基金，其实就是基金经理在操作，基金经理可以根据自己的判断决定什么时候进行买卖操作。如果消费 B 的杠杆率发生偏离，基金经理可通过买卖股票的方式进行调节，如此一来基金净值就很难达到触发折算条款的条件，折算自然不会发生。这样做的好处是，没有折算发生，投资者不会遭受大幅亏损；缺点就是基金仓位会变动得非常频繁，造成基金走势的大起大落。

图 12-18 所示是消费 B 自 2011 年上市以来至 2018 年年底与家用电器板块、食品饮料板块以及旅游板块的叠加对比。

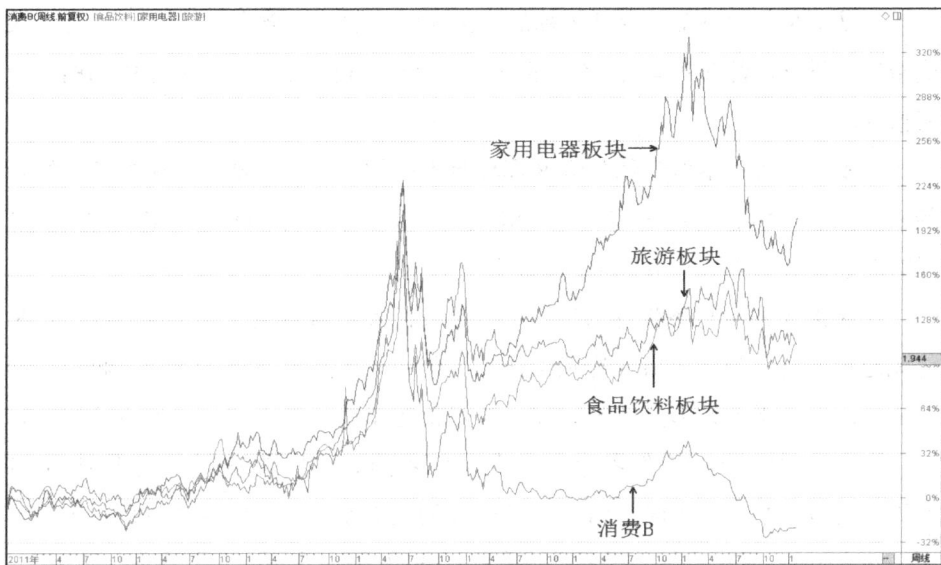

图 12-18　消费 B 与 3 个消费板块的叠加对比

为了说明问题，图 12-18 中选取了家用电器、旅游、食品饮料 3 个大消费板块与消费 B 叠加，看看其中的变化。从图 12-18 中可以看到，消费 B 刚上市时与大消费概念板块的走势还很相近，但从 2015 年 7 月起，消费 B 的走势远远落后于其他 3 个消费板块，这与基金经理的选股能力有很大的关系。所以，投资者投资主动型分级基金的时候，需要重点考虑该基金的历史业绩与基金经理的能力。

12.5.2　申万菱信深证成指分级

申万菱信深证成指分级的基本信息如下。

① 母基金：深证成指分级基金。

② 基金代码：163109。

③ 基金类型：风格投资。

④ 业绩比较基准：深证成指增长率 ×90% + 银行同业存款利率 ×5%。

⑤ 子基金深成指 A：150022。

⑥ 子基金深成指 B：150023。

⑦ 基金特点：没有下折。

该基金是指数基金，追踪的标的是深证成指数。基金的 95% 资产投资于深成指样本股或是备选样本股，5% 的基金资产投向现金工具或是一年内到期的政府债券。

该基金之所以不像其他分级 B 那样有下折的风险，主要在于深成指 B 特有的基金条款约定，具体内容是："深成指 B 基金没有下折保护，净值跌破 0.1 元时深成指 A 与深成指 B 同涨同跌。"

深成指 A 的付息条款有约定："若深成指 A 净值不足 1 元，定折基准日时将无定折发生；若深成指 A 净值大于 1 元但小于 1 元 + 当年累计约定收益，则仅支付净值大于 1 元部分；若深成指 A 净值等于或大于 1 元 + 当年累计约定收益，则定期折算时支付全额累计收益。"这也就意味着，如果深成指 B 净值跌到 0.1 元以下的极端情况发生时，属于深成指 A 的全部或者部分约定收益只能顺延至下一年支付，此时深成指分级基金丧失杠杆功能，暂时变成一只普通的指数基金，母基金与深成指 A、深成指 B 之间的净值涨跌幅度是一样的。发生反弹后，如果深成指 B 净值回涨，母基金的收益会优先弥补给深成指 A，让其净值尽快回到 1 元。这里读者要注意，弥补的不仅仅是深成指 A 的净值损失，就连之前欠下的利息也要一并弥补。如果母基金的收益对以上项目弥补后还有剩余，深成指 B 才能享受权益，直至深成指 B 净值也回到 1 元，原有的基金杠杆才能恢复。

1. 深成指 A 投资策略

深成指 A 的投资策略很简单：要么长期持有，等约定收益进账；要么高抛低吸，博取市场差价。

策略一：在深成指 A 出现高折价时买入，持有至获得约定收益。深成指 B 净值跌到 0.1 元后，深成指 A 会跟随其同涨同跌，共同承担下跌"罪名"，导致自身约定回报出现风险。分级基金中 A 类基金本来就容易被忽视，加上深成指 A 安全系数低，下跌快而上涨慢，很容易出现较高的折价。经验表明，如果深成指 A 二级市场价格出现低于 0.8 元甚至更极端的情况，投资者只需在市场价格低于 0.75 元时买入并持有就能获得稳健的投资回报。

策略二：在深成指 A 即将爆发时买入。如果深成指 B 净值跌破 0.1 元，深成指 A 与深成指 B 其实没什么区别。但如果深成指 B 净值发生反弹，价格重新上涨到 0.1 元，由于基金条款的特殊约定，此时深成指 B 的所有收益都会优先弥补给深成指 A，这就使得深成指 A 具有惊人的潜在收益，深成指 A 反而潜伏着巨大的上涨杠杆。此时买入，一旦获利将非常惊人，这就是该基金最另类的地方。

2. 深成指 B 投资策略

市场低迷时容易诱发分级 B 下折，这是最让投资者担心的地方。每到这个时候，深成指 B 没有下折的特点就显得弥足珍贵，市场也因此偏向于给深成指 B 基金较高的溢价。

大盘指数越是向下，深成指 B 的价格就越发坚挺，原因是那些激进投资者既想借助高杠杆博取反弹收益，又不想遇上基金下折，所以只能选择深成指 B。反过来，当大盘指数向好，其他分级 B 没有下折风险时，深成指 B 没有下折的条款反而会降低其吸引力，上涨的力度相对减弱。从这一点看，深成指 B 是非常典型的市场信心指标，通过它的走势，就能够很好地判断市场当前的状态。

上面提及的技巧只能判断市场短期走势，如果坚信股市能长期向好，定投深成指 B 就是一个比较稳妥的投资策略。统计数据表明，深成指 B 的价格跌到 0.3 元左右就基本见底了；与之对应的是净值往往跌到 0.1 元，母基金净值还在 0.55 ~ 0.58 元（具体算法省略）。也就是说，深成指 B 用 0.1 元的本金就能撬动深成指 A 高达 1 元的净值，净值杠杆最高可超 10 倍。一方面没有下折风险，一方面免费提供 1 : 10 的融资比例，这就是一个博反弹的"超级神器"。

现在读者应该知道了，大盘上涨时可以买深成指 B 基金。如果大盘下跌，先把其他投资品种清仓处理，再采取越跌越买的方式慢慢建仓深成指 B，直到其触底反弹爆发，然后获利。按照这种策略，假设投资者买进成本在 0.4 元以下，套利因素等都不予考虑，只要敢于持仓，当深成指 B 价格从 0.4 元回到 1 元，投资者就有 150% 的投资回报！

第 3 部分

投资篇

第13章
基金组合

资本市场有句谚语——"不要把鸡蛋放在一个篮子里",说的就是构建投资组合的重要性。基金投资也不例外,将资金分散投资于不同种类、不同特征的基金,就构成一个基金组合。

13.1 基金组合

"进攻是为了防守,防守是为了更好的进攻。"基金组合刚好可以做到攻守平衡。

13.1.1 什么是基金组合

所谓基金组合,就是以不同的优秀基金为投资对象,根据市场波动情况,随时对基金进行调整和优化,以完成资产配置。

将优秀的基金组合在一起构成投资组合,能最大限度地帮助投资者规避投资风险并获取收益。基金组合在发达国家资本市场已经有几十年的历史,是非常成熟的投资方式。

(1)构建基金核心组合。客观和理智是投资成功的第一步。要想有效分散风险,就要配置不同种类的基金,以此构建一个核心组合。该组合的资金配置比例最好占到整体基金投资的60% ~ 80%,其中的核心基金应该业绩稳定、特点鲜明,这样才能对投资者完成最终的投资目标起到至关重要的作用。牛市中要以股票基金为核心,同时配置债券或货币基金来分散风险;熊市中要以债券基金或货币基金为重点，辅以现金工具保证本金安全。

假设选择股票型基金，投资者应对基金的股票仓位、十大重仓股等信息有所研究。如果投资者还同时投资股票，也可以重仓配置自己看好的行业基金，较好的配置是以 3 ~ 5 只股票基金和行业基金构成组合，这样的搭配效果不错。

（2）一次投资与分批投资相组合。构建组合的基金数量若太少，风险就不能被有效分散，价格的剧烈波动势必会影响收益的稳定；基金数量若太多，分散风险的效率就会降低，组合的整体安全也得不到保障。历史经验表明，一个合理的、有效的基金组合，基金数量应控制在 5 只以内，投资者可以采取一次投资与分批投资相结合的方式，有效降低组合持仓成本。

基金组合的投资收益之所以相对较高且比较稳健，主要是其采用了资产配置的理念，组合内不同品种、不同风格的基金其实等同于基金对应的大类资产。

通过组合投资分散风险、通过持续跟踪进行动态调整，这两点是基金组合的原则。适合构建基金组合的人群主要有 3 类：① 中产家庭，为今后的各类支出做未雨绸缪的准备；② 过往业绩亏多赚少的投资者；③ 想投资却没有多余时间，不想做"月光族"的职场新人。

13.1.2　如何构建基金组合

一个好的基金组合，应同时满足构建基金组合的几大要素，这些组合要素包含以下几方面。

1. 投资者的风险承受能力

风险承受能力包括主观风险承受能力和客观风险承受能力，通俗说就是投资者能投资多少钱、能接受亏多少钱。

2. 投资目标设定

投资目标决定了投资者的投资方式，如果想要获取高收益，但却无法承受较高的投资风险，投资者就需要适当调整风险水平或投资目标。

3. 投资期限

投资期限能决定投资者对风险的耐受程度。如果投资者的投资目标为几十年后的退休养老，短期的投资波动对投资者来说就无足轻重，因为期限越长，市场的平滑风险的作用就越能显现。如果投资者只考虑近期的收益情况，那么既得的收益就十分重要。

4. 市场因素

这个因素很难把握，因为市场无时无刻不在变化当中，投资者应根据具体的市场环境，对组合进行适当调整。

5. 确定自己的投资风格

这一点很重要，投资者只有明确自己的投资风格才能选择适合自己的基金，才能做好后面的资产配置。

6. 在上述框架下确定核心组合

满足上述要素，以 3～4 只业绩稳定的基金构建起核心组合，这能决定整个基金组合的长期表现。

投资要明确一点，基金组合肯定比单一基金风险低，收益也会更稳健。投资组合的理念就是不要把鸡蛋放在同一个篮子里。但是，做好基金组合，也不仅仅是多找几个篮子这样简单。

第一，风险不会随着基金数量的增多而降低。如果基金数量众多，精力有限的投资者可能照顾不过来，势必影响投资决策。反过来理解，较多的基金数量说明投资者只是在盲目地进行选择，对降低投资风险不仅帮助不大，反而因为数量太多导致出问题的概率上升。

第二，组合中的基金数量要适合。有机构做过统计，组合中基金数量保持在 4 只比较合适，超过这个数量，整个组合降低风险的效果并不明显。选择基金时关联度这个指标很关键，所谓关联度，就是不同基金之间是否存在同涨同跌的现象。如果是，关联度就高；否则，关联度就低。关联度高的基金，相关的投资策略、投资风格、投资标的等彼此相差不大，将这些基金进行组合没什么实际意义。只有关联度低的基金，彼此之间的相互配合才能构成有效的基金组合。

以指数型基金为例，沪深 300 指数属于中大盘股指数，上证 50 指数属于大盘股指数，二者有相近之处，属于关联度高的指数，构建组合时不能同时采用。相反，中证 500 指数属于小盘股指数，与沪深 300 指数和上证 50 指数之间没有什么交集，因此关联度就低，无论与哪个指数匹配都可以构成一个较好的基金组合。

因为投资者自身的情况不一样，所以组合中的基金不可能平均分配权重，而是要适当地对某只基金进行某种程度的倾斜。投资者如果想稳健获利，债券基金或者货币基金的权重就要大一些；如果追求资产增值，股票基金的权重就要适当增加。假设一个基金组合中有4只基金，其中2只是股票基金或混合基金，另外2只是指数基金。投资者如果想构建稳健组合，增加指数基金比重的同时还要减少股票基金或混合基金的比重；如果想构建激进组合，就应增加股票基金或混合基金的比重，同时降低指数基金的比重。即使在指数基金内部，也需要有不同的配置。例如，有2只指数基金，一个是代表中大盘股的沪深300指数，一个是代表小盘股的中证500指数。在稳健组合中，沪深300指数的权重自然要大一些；而在激进组合中，中证500指数占比要多一点。

第三，基金组合的常见形式。哑铃式、核心卫星式与金字塔式是基金组合的3种常见形式。

（1）哑铃式。这种组合方式是将两种不同风险收益特征的基金组合在一起，如"股票基金＋债券基金""大盘基金＋小盘基金""价值型基金＋成长型基金"等。这种基金组合的优点是结构简单、便于管理，不同类型的基金还可以实现优势互补。

（2）核心卫星式。这种组合方式通常的做法是：选择一只长期业绩出色且较为稳健的基金作为组合的核心，再选一只短期业绩突出的基金作为卫星。该种基金组合方式相对灵活，既能满足投资者灵活配置资产的需求，还能保障基金组合净值长期稳定增长。

（3）金字塔式。这种组合方式的具体做法是：在塔底配置债券或混合基金，在塔腰配置指数基金，在塔尖配置股票基金，如此可同时兼顾稳健、收益与成长。这种组合方式很灵活，但需要投资者有一定的投资经验。

13.1.3　不同财务状况投资者适合的基金组合

投资者之所以要构建基金组合，就是为了寻求低风险下的良好收益。每个投资者的情况不同，基金组合的构建自然也不尽相同。

构建基金组合前，投资者要对子女教育、养老、购房等有可能产生大额资金支出的因素予以充分考虑，在此基础上评估、设定自己的风险偏好，进而确定合理的基金组合。投资者的风险承受能力决定了最终的基金组合特征，体现了不同的风险投资收益，投资者必须予以正视。这里给出 5 种组合类型供读者参考。

1. 保值型组合

既然是保值型组合，自然要以本金的安全为主。这种基金组合具体的配置比例是现金占比 20%、股票基金占比 10%、混合基金占比 10%、货币基金占比 10%、债券基金占比 50%。该组合安全系数高，投资风险低，适合希望资产保值、投资周期较短的投资者。

2. 保守型组合

保守型组合基金的投资者可以承担较低投资风险。这种基金组合的具体配置比例为现金占比 10%、股票基金占比 20%、混合基金占比 10%、货币基金占比 15%、债券基金占比 45%。该组合风险较低，适合期望资产稳步增值、投资周期较短的投资者。

3. 平衡型组合

平衡型组合注重资产的分配平衡。这种基金组合的具体配置比例为现金占比 5%、股票基金占比 35%、混合基金占比 15%、货币基金占比可以为 0、债券基金占比 45%。该组合攻守平衡，适合可以承担一定投资风险、期望资产快速增长、投资周期较长的投资者。

4. 成长型组合

成长型组合可以满足投资者希望通过投资标的的快速成长分享投资收益的要求。这种基金组合的具体配置比例为现金占比 5%、股票基金占比 40%、混合基金占比 15%、货币基金占比可以为 0、债券基金占比 40%。选择该组合的投资者可以承担较高的投资风险，期望资产快速增长，可以接受长周期的投资。

5. 进取型组合

进取型组合最具攻击性，完全是以获取投资收益为目的。这种基金组合的具体配置比例为现金占比 5%、股票基金占比 55%、混合基金占比 10%、货币基金占比可以为 0、债券基金占比 30%。该组合下，投资者可以承担一切风险，只为追求较高的价值增长，可以接受长周期的投资。

具体基金的选择是构建基金组合过程中的难点，此时基金的历史业绩是参考的依据，投资者可以据此确定绩效考核架构，完成基金组合整体收益的考核。投资者要树立正确的投资观，坚定长期投资的理念，要对自己的基金组合有充足的信心，通过时间的复利慢慢实现自己的投资目标。从这一点来说，基金组合没有好坏之分，适合自己的就是最好的。

13.2　不同群体对应的基金组合模式

构建基金组合时，首先考虑的一点就是确定基金组合模式。

13.2.1　稳定型基金组合

稳定型基金组合适用于事业有成、生活状态稳定、正逐渐向职业生涯末期过渡的中年投资群体。这个年龄段的投资者在满足生活品质的同时，还要兼顾孩子成长、赡养父母的支出，同时也要为自己今后的退休生活积蓄足够的资金。他们对资产的要求是保持稳定，并实现保值增值，因此，其适合的基金组合要做到攻防兼备。

1. 行业配置是关键

由于该投资群体有多年的职场经验，对某一行业的具体现状也很熟悉，所以进攻端核心资金配置应以行业股票基金为主，且一旦配置就不要轻易调整。

2. 混合基金是防御的手段

混合基金应选择偏债型的基金，通过固定收益平滑进攻端基金的风险。

3. 保证资产的日常充足

考虑到孩子和老人随时有大额资金支出的可能，少量资产可以用于配置货币基金，让资金保值的同时确保日常资产的充足，通过快速变现应对突发的资金需求。

13.2.2　单身型基金组合

单身型基金组合方案是为单身人群量身打造的。该类投资者没有家庭负担和经济压力，为追求资产的高收益而愿意承担高风险。这类基金组合以积极投资为主，资产配置以股票基金为核心，辅以债券基金和货币基金，通过股票市场来分享经济发展的红利，让资产快速增值。

由于该群体大都是职场新人，初始本金不会很多，但考虑到他们有很广阔的职业上升空间，未来的薪酬也有增长的空间，即使初始资金不足，也能构建出相对简单的基金组合。

1. 确定最优资产配置

年轻，意味着未来的投资周期会比较长，按照"百岁投资法则"，低风险稳健投资的比例应该与投资者年龄相当。该群体年龄一般都在 25 岁上下，因此，稳健的债券基金或者货币基金比例控制在 25% 左右即可，其余的资产应该用于配置股票基金。

2. 找到合适的核心基金

年轻不是可以乱投资的理由，鉴于该群体初始金额低，首次买入还是应以稳健为主，如拥有长期稳健收益、信用等级高的中长期债券基金，指数类的股票基金等，都是可以选择的对象。时间一长，这些基金会逐渐显露出价值。

3. 参与定期定额投资

基金管理公司为推销旗下基金产品，有时候会推出一些具有优惠条件的销售活动，如认购费率减半、初始认购份额很低等，前提是投资者要定期定额投资。单身一族遇到此类活动如果觉得合适也不妨适当参与，一是可以分散投资风险，二是当作强制储蓄，几年下来也会积累一笔可观的资产。

4. 低成本构建基金组合

由于该群体本金不多，成本控制就成为很关键的一点，基金的各种费用一定要算清。如果投资者觉得资金还不足以构建投资组合，不妨先以混合基金起步，因为该类基金能涵盖股票、债券、货币等多种市场，比单纯投资一种基金效果要好，风险也易于控制。

13.2.3　精英型基金组合

白领精英群体最显著的特征就是收入较高并且稳定，但因工作繁忙而无暇专心投资。该群体能承担较高的投资风险，因此，适用的基金组合应以股票基金或混合基金为主，必要时还可以投资分级基金。此类群体投资的基金组合还可以辅以债券基金，兼顾风险的同时谋求最大程度的资产收益。

1. 确定适合的基金品种

白领精英群体年龄在 28 ~ 35 岁，股票基金配置在 60% 左右比较合适，如果强烈看好后市，可以少量配置指数型分级基金以博取更高收益。防御方面，考虑到这类群体有买房、买车等大额资金的需求，基金组合中的剩余部分应该以货币基金为主。

2. 对基金的比重进行调节

白领精英群体基本上拥有高学历，对金融市场或多或少有一定程度的了解，对市场也有自己的判断。如果预期市场好转，可以适当增加股票基金等进攻资产或直接增持原有投资品种，争取扩大投资收益；如果预期市场转弱，可以适当增加债券基金和货币基金等防御资产，或直接减持原有投资品种，争取巩固原有成果。

13.2.4 养老型基金组合

毫无疑问，这类型的组合适合那些中老年投资者。经历岁月的洗礼，中老年投资者投资的目的只是抵御通货膨胀，让资产得以保值，所以其投资风险偏好较低。为应对不时之需，他们对资金快速变现也有要求，所以资产配置应以债券基金为主，辅以少量的混合基金，这样就可以做到保证资产平稳升值。

1. 债券型基金为主

因为有约定收益，所以债券基金的风险相对较低，既能有稳定收益，还能兼顾资产的流动，通过随时变现满足医疗等养老需求。

2. 以国债为核心

养老型基金组合应该以国债为核心，包含可转债的债券基金都不应该选择，目的就是杜绝一切可能的风险。目前国债年收益率在 3% 以上，足以抵御通货膨胀，对中老年投资者来说是较好的选择。

13.3 基金组合的思索

有经验的投资者都有自己的投资理念，对自己构建的基金组合也会有明确的认识，这是对自己投资生涯真正的负责。

13.3.1 确定基金组合考虑的因素

对基金组合进行科学分析，预估该组合与理想的投资目标存在哪些差距，这是投资者在确定基金组合后应该持续做的工作。在这个过程中，以下4方面因素是考虑的重点。

1. 行业比重分析

市场上的行业很多，但同一大类的股票很相似，如金融业的股票在二级市场上就有相似的波动趋势。为避免市场风险，组合中的基金尽量不要投向同一个行业，如果存在这个情况，投资者可考虑调整基金的类别，尽量做到分散投资。

2. 市值平均数分析

基金组合中所有组成部分市值的几何平均数叫市值平均数，它可以体现组合中基金市值的大小。由于市场是轮动的，大盘股、中盘股和小盘股各有表现的周期，投资者可根据该指标投资不同市值规模的基金来分散风险。

3. 换手率分析

一定时间内，市场上基金买卖的频率叫换手率，它可以反映基金的流通情况。

换手率计算公式：换手率＝（某一段时间内基金成交量÷基金流通份额）×100%。

换手率低的基金大都坚持价值投资，通常采取低风险策略，由于持有时间较长，所以换手率较低。换手率高的基金大都推崇成长投资，投资风格比较激进，大都采取快进快出的手法，由于持有时间较短，故换手率较高。通过换手率指标，可以从侧面了解基金经理的投资策略与风格。

4. 持股数量分析

从分散风险的角度看，如果基金持有的股票中有几只权重很大，业绩波动就会很大。如果持股比较分散，投资不同的行业，那么基金的业绩波动就会降低很多。

13.3.2 基金组合投资的核心理念

构建基金组合的目的就是分散投资风险，所以基金组合不可能是一匹让投

基金投资入门与进阶指南

资者一夜暴富的"黑马"，更多时间只能扮演"老黄牛"的角色。投资者只有通过长期坚持才能让资产稳步上涨。

任何基金组合最后都能归结到人的因素，所以投资者必须具有组合投资的理念，认可并坚守自己的基金组合。构建基金组合只需简单的技巧，但坚持基金组合的投资核心理念却很不容易，因此，以下 3 点原则是投资者在构建基金组合前就要考虑好的。

（1）理智原则。该原则包含两点，即精神上的准备和知识上的准备。投资是一件看起来简单而实际上复杂的事，特别是在全民理财的今天，所有人都是你的竞争对手，都想从市场上分一杯羹。可市场"蛋糕"就那么大，无论怎么切，一定会有失败者存在，因此，投资者在精神上做好准备很重要。获取收益时不自满，暂时失败时不气馁，任它云卷云舒，我自闲庭信步。只有良好的心态，才能使投资者看淡基金净值的起伏，精神上也不会承受太大的压力。

知识上的准备是保证投资能有良好收益的前提。基金的申赎看似简单，其实里面包含着心理学、统计学、数学、资产估值以及逻辑分析等多门类的知识。掌握的金融知识越丰富，投资者就越能准确判断自己基金组合的效果，也就能更好地调节组合中的基金种类，从而为长久获利奠定基础。

（2）树立长远的信念。基金组合不看重短期的投资回报，它所追求的是实现财务自由或是老来无忧的终极目标，时间跨度是以几十年来计数的。如果想要追求短期暴富，高风险高收益的投资产品很多，如分级 B。分级 B 的杠杆特征会让投资者的短期成功更加绚丽，可一旦亏损，也会让投资者陷入困境。所以，看淡眼前一城一池的得失，树立长远的投资目标，是投资者要牢记的准则。

（3）投资是一辈子的事。从年轻时做起，坚持价值投资的理念，通过精心构建组合，同时，分享国运昌盛带来的经济发展的红利，投资一定会结出丰硕的成果，心中的梦想也会实现。

13.3.3　适时检视基金组合

基金组合在构建完成后就进入实施阶段。但市场千变万化，构建基金组合只是投资的起点，对组合后续的维护与调整也是一项很重要的工作。一般情况下，对基金组合的维护不需要在短期内进行，因为基金组合发挥作用需要一个过程，一般以一年为周期检视一下基金组合。

怎样对基金组合进行检视呢？这里可以从两个层面考察。

1. 资产配置层面：资产再平衡

资产再平衡指的是当某类资产在基金组合中的比例出现上升或下降的情况时，投资者选择买入或卖出某一类别的资产，以恢复一开始设定的比例。过程中，投资者应该卖出价格上涨的资产类别，买入价格下降的资产类别，这样可以降低基金组合的风险暴露程度。

有规律地进行资产再平衡，能够确保投资者的资产配置按照原计划进行。投资者发现其资产配置发生严重偏离时，通过资产再平衡操作也有助于避免做出莽撞轻率的投资决策。

2. 基金甄选层面：基准化

基准化就是将基金组合的实际回报和表现出的风险情况与当初的预期情况做对比。通过基准化，投资者可以了解以下信息。

- 基金管理人声明的投资目标是否符合基金现状。
- 与市场基准水平做对比，基金组合的投资回报是否达到要求。
- 任何潜在的偏离原投资目标的情形。
- 是否需要调整自己的基金组合。

定期检视基金组合既是对市场的回顾，也是对自己投资业绩的肯定，它会强化投资者的信心与理念，进而让基金组合运转得更加高效与流畅。

定期检视不是随随便便进行的，里面包含了几大要素。

1. 组合内各基金的表现情况

投资者可以结合已发布的基金年报定期检查基金组合业绩，通过基金收益与业绩基准的比较结果，看组合是否达到预期的收益。如果偏离太多，需要考虑调整组合中表现不佳的基金，转而用另外一只业绩表现好的基金来代替。

2. 考察组合中基金的特征

组合的业绩归根结底还是要看具体的基金做出怎样的贡献，因此，关注考察单只基金的异常变化就显得尤为重要。投资者通过观察基金的资产配置、十大重仓股的市场表现、基金投资风格等因素，可以对基金经理的能力与水平有一个客观而全面的了解。

3. 组合中基金的基本面

当前市场容量在逐渐增大，基金从业人员的流动性也显著增强，很多基金经理在做出成绩后会很快改换门庭，这会对老基金造成一定的影响，所以考察基金的基本面变化是投资者必做的功课。投资者一旦发现基金的基本面有变化，不再适合自己的基金组合，决不能放任不管，而是要第一时间更换基金，避免组合发生系统风险，进而影响投资业绩。

4. 关注基金管理公司运营情况

基金的表现与其背后的团队、投资理念和平台有着莫大的关系。一旦基金管理公司发生人事变动或者控股权发生变更，势必会直接影响基金的投资运营。

投资者如果能做到上述几点，就是一个良好的基金组合的管理者，剩下就让基金组合自我表现吧。

第 14 章
基金定投

投资基金的方法有很多，有一种方法非常简单，既可以克服基金选择和操作难的问题，还可以均衡持仓成本，这就是基金定投。

14.1　基金定投概述

基金定投就是俗称的"懒人理财"，方法看似笨拙，但效果却很好。

14.1.1　什么是基金定投

基金定投又叫定期定额投资，指在固定时间用固定金额购买指定的开放式基金的过程。

基金定投与银行的零存整取类似，它除了能让资金积少成多之外，还有摊平成本、降低风险的作用，更有自动逢低加码、逢高减仓的功能。因为能够抹平基金净值的波峰与波谷、平滑市场的波动，所以无论价格如何变化，基金定投总能获得一个相对较低的平均成本。只要基金能实现整体增长，通过基金定投，投资者就能获得一个相对平均的收益。

基金定投这种投资方式适用于以下几类人群。

（1）年轻的"月光族"。基金定投具备投资和储蓄两大功能，"月光族"如果采用基金定投，相当于以强迫的方式进行储蓄，能慢慢培养良好的理财习惯。

（2）领固定薪水的上班族。上班族的收入在扣除日常生活开销后往往结余不多，面对日益高涨的生活成本，基金定投这种工具可让上班族的资产实现稳步增值。

（3）对资金有需求的群体。这类群体已经确定在未来有资金需求，如买房、买车等，基金定投能提早为将来的基金支出做准备。

（4）低风险投资者。这类群体愿意投资但不能承担较高的风险，因此，有投资成本加权平均优点的基金定投可以满足他们的需求。

作为一种投资工具，基金定投的优势非常突出，具体表现在以下方面。

（1）手续简单。基金定投的开通手续非常简单，直接到基金代销机构办理即可，此后每期的申购扣款都是自动完成，投资者不用费心打理。

（2）省时省力。基金定投手续开通后，只要投资者银行卡内有足够的申购资金，代销机构会帮助投资者在固定日期自动扣缴资金去申购基金，可谓省时省力。

（3）定期投资。基金定投对时间跨度没有固定要求，投资者可以自行选择定投期限，每周、每月甚至每季度都是可以的。

（4）不用考虑时点。投资的要诀就是低买高卖，但普通投资者很难掌握。基金定投对进场时点没有要求，也不在意市场价格，这就避免了投资者主观判断失误给投资带来的不利影响。

（5）平均投资。分期投入的资金初期成本会有高有低，但长期平均下来就能降低成本，可最大程度地分散投资风险。

（6）复利效果。由于资金是连续投入，初期本金产生的收益会继续衍生收益，所以定投属于复利投资。随着时间的延长，复利的效果会愈发明显。

（7）手续快捷。目前各大银行和券商都开通了基金定投业务，投资者可在网上随时办理基金的各种业务，只要将基金账户与银行资金账户进行绑定，设置相关约定，就能快捷地实现基金定投。

14.1.2　基金定投的费用

基金定投的费用就是投资者的投资成本。基金定投一般都选开放式基金，涉及的费用分为3种：一是定期发生的申购费以及最后退出的赎回费，这是最主要的成本；二是管理运营基金产生的费用，如管理费和托管费等；三是各种税费，即投资红利等，由于我国对这一块暂未征收，所以投资者不用考虑。

申购费和认购费是投资者直接负担的费用，并且在申购基金时就要交纳，二者的区别在于认购费是基金募集申购时产生的费用，而申购费是基金正常运营申购时产生的费用。不同的基金，费用比率各不相同，目前，股票基金和混合基金的申购费率较高，通常为1.5%，认购费率为1%～1.2%。

前端收费与后端收费是基金定投常用的收费方式，如果投资者没有特殊要求，前端收费就是基金管理公司默认的收费方式。前面介绍过，前端收费就是投资者先支付费用，费率通常在1.2%～1.5%。前端收费方式下，投资者每月买入基金时需先交钱，无形中增加了投资的成本。投资者如果开通网银交易，手续费会有6～8折的优惠；如果选择通过基金管理公司网站购买，最低可以打4折。

后端收费就是先不收钱，投资者无论买多少，基金管理公司都不收取手续费，只在投资者赎回基金时根据持有时间的长短，按不同的费率收取申购费。这么做当然是鼓励投资者长期投资。有的基金管理公司还规定，如果投资者对基金持有时间达到一定年限（3～10年不等），不收取申购费。从长远来看，后端收费可以帮投资者节省大量投资成本。

赎回费就是通常说的卖出费用，其计算公式是：赎回费＝赎回份额×当日基金单位净值×赎回费率。不同的基金赎回费率可能稍有不同，有很多基金管理公司为鼓励投资者长期持有，对同一基金在不同时间段赎回设定了不同的赎回费率。业内通常的标准是：持有期限不到1年的收取0.5%的赎回费；持有1～2年的收取0.25%的赎回费；持有2年以上的则不收取赎回费。

转换费是将同一家基金管理公司的基金转换成该公司其他基金支付的费用。

假设有投资者要将持有的混合基金A转为同一家基金管理公司的混合基金B，混合基金A的赎回费率与申购费率分别是0.5%与1%，而混合基金B的申购费率是1.2%，两者的申购费率差就是0.2%×（1.2%－1%），将混合基金A转换为混合基金B的成本就是0.7%×（0.5%＋0.2%）。

如果不采取转换的方式，而是先赎回混合基金A再申购混合基金B，则总成本是1.7%×（0.5%＋1.2%）。从中可以看出，先赎回再申购的成本比基金转换的成本整整多了1%。

基金转换确实是一个降低成本的好方法，但并不适用于所有基金管理公司，

基金投资入门与进阶指南

这一点稍后为大家分析。

14.1.3　降低费用的方法

基金定投的费用实际上已经很低廉了，但如果有可能，投资者还是愿意尽可能降低这些成本，那么有什么好方法呢？

先说认购费和申购费。认购买的是新基金，申购买的是老基金，相对而言，老基金有业绩上的实证，尽管申购费率比认购费率要高一些，但相比新基金，依然建议读者在定投时首选老基金，就是说这点成本可以承担。

再说前端收费和后端收费。持有基金年限越长，后端收费的费率就越低，看起来后端收费很有优势，但实际上并不是如此。原因有两个：首先，不是所有的股票基金或混合基金都有后端收费，事实上后端收费的基金品种在市场上并不多。其次，在某些第三方基金平台，申购费率已经低至 1 折，也就是 0.15%左右，这已经比很多后端收费的基金费率都要低了。

基金定投一般是 5 ~ 7 年一个轮回，持有时间 3 年以上的基金不在少数，如果想要降低赎回费，买入并长期持有确实是很好的策略，这一点也与基金定投的理念合拍。如果能做到这一点，按照基金管理公司的规定，基金份额在赎回时已经是零费率，这部分费用可以因此省下。

最后说转换费。如果选择同一家基金管理公司的基金进行内部转换，确实可节省不少申购费，但这里有两个盲点读者可能会忽略。首先，即使是同一家基金管理公司，也不是所有基金都可以相互转换，这需要投资者提前了解清楚。其次，很多基金管理公司都有一个特点，就是除了业绩最好的那只基金之外，其余基金都表现平平。如果业绩最好的基金都出现问题而不适合定投了，投资者已经没有必要转换该基金管理公司其他的基金了。这个时候，合适的做法就是直接赎回，然后再去申购其他基金管理公司的基金。

分析了这么多，目的只有一个，就是降低定投成本。减少操作频次是降低基金投资成本的有效方法。同样的资金额度，不断地买入、卖出会很快地抬高交易的成本，进而吞噬来之不易的盈利。如果选择基金定投，分批买入然后长期持有，交易费用就只能发生一次，成本微乎其微。归根结底，长期持有是降低成本的根本方法。

14.2 基金定投进阶

市场上的基金品种有很多，但适合基金定投的基金却是有限的。例如，波动小的债券基金和货币基金其实不适合做基金定投，只有股票基金或混合基金才适合做基金定投。具体来说，股票基金要选择指数基金；而混合基金要选择偏重于股票型的基金，因为这类基金波动空间较大，能为投资者提供一定的价差，如此才能摊平成本。

14.2.1 定投基金的选择标准

具体到个体基金的选择，投资者应从以下几方面挑选适合定投的基金。

1. 挑选波动率高的基金

波动率高，意味着价格波动大，市场低迷时较大的下跌空间能满足基金定投在低位长期不断地买入，降低投资成本的同时还能获得更多廉价的筹码。如果市场好转，较大的波动能够让价格快速地上行，进而实现收益，达到定投的效果。

2. 挑选周期行业或板块基金

周期行业有明显的运行规律，荣枯或兴衰总是交替而行，其价格曲线最符合定投的本质。在下跌周期时进场，通过持续买入积累大量廉价筹码，在上涨周期时卖出，完成一个定投周期，稳定获利就是一个大概率的事件。

3. 挑选业绩长期稳步增长的基金

基金定投是一项持续几年的长周期投资，如果基金业绩波动太大，势必会影响最终的投资效果，因此，定投时对基金的业绩是有要求的，最好选择那些业绩长期稳步增长的基金。

4. 挑选具有高成长特征的基金

基金的高成长来自其本身选择的行业，也就是说基金首先选择了高成长的行业，自身才体现出高成长的特征。高成长往往伴随着高风险，因此，选择定投的基金不要只注意其高成长，还要考虑风险。对比过往的历史数据可以发现，即使是高成长的基金，指数基金也要比行业基金表现得优异一些，所以读者选择高成长基金时不妨从这方面入手。

5. 挑选成立时间久的基金

好的历史业绩不能代表未来的业绩会继续向好，但这至少是一个参考指标，能够反映出一只基金过往业绩足够优秀。历史经验表明，过往业绩优秀的基金如果基本面没有发生改变，其业绩在未来大概率会继续保持稳定。从这一点说，挑选定投基金时要尽量选择成立时间久的基金，这虽然不是一个必选项，但还是能帮助投资者规避一些风险。此外，基金的晨星评级也是一个很重要的参考项。

6. 挑选言行一致的基金

前面的五点标准仅仅是一些客观条件，最重要还需看基金的主观动向，即观察其是否言行一致。有句话说得好——"你永远叫不醒一个装睡的人。"如果基金主观上言行不一，客观条件再好也无济于事。这里的"言行一致"，是指基金操作与其宣传的风格相符。例如，一只标榜投资大盘股的基金，持仓的却都是中小盘股，这就是定位不清晰的表现。可能市场短期的热点偏向于中小盘股，基金也会从短期的波动获取一定的收益，但这不应该是基金的战略选择。如果发现这种情况，建议投资者舍弃这样的基金，因为从长远看，基金的业绩大概率是不可控的。

14.2.2　基金定投的时间点

基金定投其实是一个与时间做朋友、以时间换空间的投资。尽管基金定投不需要选择时机，但在实际操作中有一些和时间相关的小技巧还是可以使用的。毕竟，有一个好的开始是成功投资的基础。什么时间是开始基金定投的黄金时点呢？上一轮牛市最高点下跌三分之一的位置，就是开始基金定投的黄金时点。为什么是这个位置呢？一是在这个时候，该点位距离指数最高点已经下跌了三分之一，基本可以确认牛市已经结束，市场正处在熊市的起点或者持续过程中。这个时候开始定投，成本会相对较低，如果后面指数进一步下跌，则定投的成本会更低。二是定投的收益主要取决于定投成本和定投时间。如果成本相对较低，定投收益就取决于筹码的数量，自然是时间越长，筹码越多。所以一旦确认牛市结束而熊市开启，投资者就应该尽快开始定投业务，争取多获得一些筹码。

具体到定投周期时间点的选择，不管是每月定投还是每周定投，也都有规律可循。先看每月定投的时间选择，通过截取相对完整的一段市场时间来进行比较，做到用数据说话。

为避免市场短期波动带来的影响，图 14-1 中截取了市面上表现最优秀的可以代表上证 50 指数的 50ETF 基金，沪深 300 指数，中证 500 指数 3 个品种在 2011 年 4 月至 2015 年 4 月这一时间段的走势，下面就此进行分析。

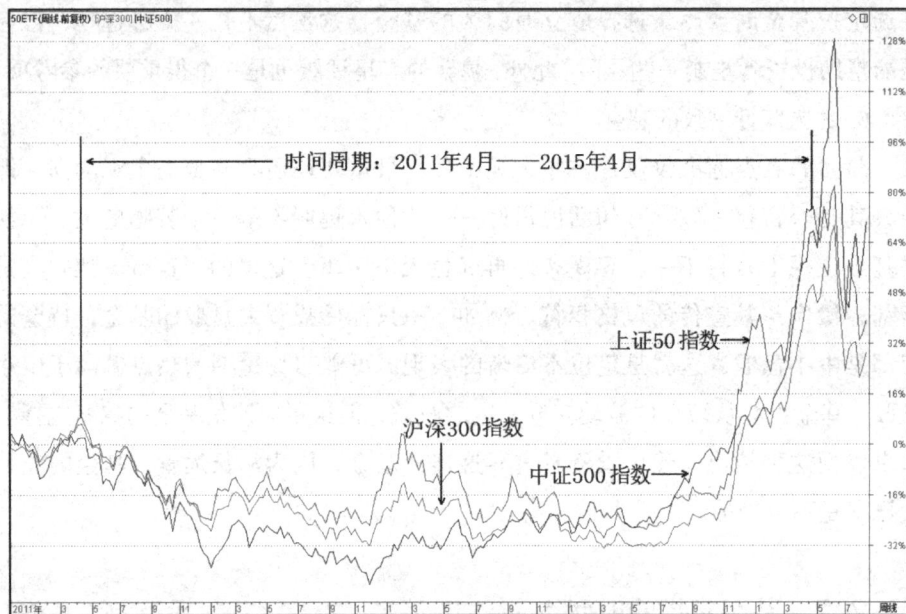

图 14-1　基金定投样本取样

假设设置的定投方式是定期定额，为了保证能够顺利申购，每月的扣款日要选择在 1 ~ 28 号之间，这是因为一般 2 月只有 28 天。为了具有说服力，扣款日分别选在 1 号、15 号和 28 号，以此代表月初、月中与月末，通过观察这些时间点分析基金定投的效果。

统计结果表明，在长达 4 年的时间跨度里，不管是月初、月中还是月末，基金定投的收益都很好，这也表明定投确实是一个投资的好方法。落实到具体的日期，在 1 号进行定投的收益最高，其次为 28 号，15 号则收益最低，这说明月初开始定投效果最让人满意。但是，许多投资者都是月薪族，他们的投资习惯是发薪后定投，目的是强迫自己储蓄。然而很少有公司是在月初发薪，如此一来时间上就有冲突。这个问题很好解决，每月的 15 号定投效果不好，不代表月中所有的日期定投效果都不好。根据测算，如果选择 17 号进行基金定投，收

　　　　　　　　　　　　　　　　基金投资入门与进阶指南

益虽然比不上月初的 1 号，但水平也算不错，而且还符合月薪族的投资习惯，是一个次优选择。

有的投资者资金充裕，建议其以周为周期进行基金定投。这样做由于时间紧凑，基金定投成本更贴近市场的走势。数据分析表明，如果选择每周定投，将扣款日设定在周四会比较好，因为在一周的时间内，周四这一天市场大概率会以下跌报收，从摊低成本的角度考虑，周四定投可以买在当周的低点位置。

14.2.3 基金定投的特殊方法

每月"傻傻"地买进属于常规的基金定投方法，除此之外，还有 3 种比较特殊的定投方法值得投资者考虑。

1. 组合基金定投

投资者可以借鉴基金组合的做法，让基金定投也采用这种方法。

常见的组合定投基本上由 2 只基金组成，根据投资者不同的风险偏好采取不同的搭配方法。激进的策略是以股票基金作为组合，为保持较高的投资效率，要求基金的历史业绩必须优秀。稳健的策略是以稳健型基金和成长型基金构成定投组合，在市场上涨时通过成长型基金博取较高的收益，在市场下跌时，用稳健型基金平滑定投的整体业绩。随着我国金融市场与国际资本市场的关联越来越紧密，一种可以投资国际资本市场金融产品的基金也已经面世。这种基金叫"QDII"，即合格境内机构投资者。很多敢于尝鲜的投资者将其与国内基金结合起来，构建出另一种基金组合，从而进行跨国界的分散投资，相信假以时日，也能取得很好的回报。

组合定投的好处有很多，但缺陷也很明显，就是资金量的需求相对高一些。毕竟有 2 只基金，若是同时进行基金定投就需要投资者提前做好资金规划，以免造成投资中断。

2. 动态基金定投

该方法与其他方法不同，不是每月投入固定资金，而是由基金的市值来决定每月的投资金额。这种方法有一个缺点，就是需要定期观察账户。假设投资者计划在未来 60 个月内拥有 6 万元的基金市值，平摊到每个月，基金市值每月需要增加 1 000 元。如果第 1 个月以 1 元的净值申购 1 000 份基金份额，当月的计划就宣告完成。如果第 2 个月基金净值上涨到 1.5 元，投资者就可以适当降低投入资金，只需投入 500 元，申购大概 333 份基金份额就可以满足需要，因为此时的基金市值已经上涨到 2 000 元。如果基金净值在第 3 个月上涨到 2.5 元，则市值 = 2.5 × 1 333 = 3 332.5（元），此时，投资者不仅不需要申购，还可以赎回大约 133 份基金份额，让基金市值保持在 3 000 元。如果第 4 个月基金净值跌回到 2 元，此时基金市值还剩下（1 000 + 333 − 133）× 2 = 2 400（元）。为了保持 4 000 元基金市值的平衡，投资者需要再申购 800 份的基金份额。

这种方法增加了动态操作的频次，看起来有一点复杂，其实不过是跟随基金市值的变化而变化，遵循的还是基金定投的基本原理。因为定投最大的特点，就是在计划的投资周期内积攒到预定的资金数额。

3. 变额基金定投

大部分投资者都选择场外开放式基金进行基金定投操作，其实也可以利用场内基金进行定投。例如场内 ETF 基金，相比场外基金具有费用低廉的优势，只不过在交易规则上有一点限制，所以需要进行变通。此时，资金变额定投就是一个很好的方法。

假设投资者准备每月使用 2 000 元定投一只指数类 ETF 基金，首先就要给自己设定一个波动区间。例如，以 200 点作为区间范围，股指每上涨 200 点，当月投入金额就减少 100 元，反之也是如此。看起来每月投入资金不尽相同，实际上该方法遵循的还是逢高减持，逢低加码的投资原理。

特殊的基金定投方法不难理解，与常规方法的区别仅在于是否定额。定额与不定额尽管只是一字之差，但内涵却截然不同，后者对投资者的资金运用和投资纪律都提出了更高的要求。

不定额的基金定投奉行的是越跌越买的原则，好处是通过金字塔式的建仓方法，低点的筹码会远远大于最初的筹码，一旦行情转好就可以快速获利。坏处也很明显，就是越到后面需要的资金越多。

投资者如果选择定期不定额的定投方法，要提前做好资金规划。定投之初，投资者不要给自己过多的资金压力，开始时可以将家庭月结余的 26% 左右作为定投的基本额度，其后使用家庭积蓄的一部分作为加仓的数额，这样的方法比较稳妥。

14.3　基金定投的要点

学会了基金定投只是起步，过程中的要点才是最重要的。

14.3.1　选择红利再投资

基金分红是投资者在投资过程中经常遇到的问题，面对基金分红，投资者该如何选择，是要现金还是选择红利再投资呢？

首先明确一点，基金分红并没有让投资者获得额外的收益，因为分红后基金净值会下跌，分红的现金加上下跌后的净值总数就是分红之前的基金总资产。

既然分红对投资者意义不大，基金管理公司为何还要选择分红呢？

（1）基金在发行时，招募说明书对分红有约定条款，只要基金年度或半年度出现盈余，且分红后净值不低于1元，那么就必须分红。

（2）基金分红是一种宣传手段，基金管理公司通过广告效应，方便日后新基金的募集。

（3）净值低的基金具有市场吸引力，基金管理公司出于营销的需要，愿意通过分红的形式来降低基金的净值，以此吸引新投资者的加入。

（4）锁定利润的需要。有的基金经理在判断市场开始见顶后，会选择卖出基金所投资的股票等资产来锁定收益，再以分红的形式让投资者锁定利润。基金分红如果出于前3条原因，投资者可不予理会；但如果出于第4条原因，投资者一定要引起警觉，因为基金经理的这种判断可以帮助投资者规避市场风险。

分红次数多少与基金好坏没有必然的联系。如果基金是在牛市后期分红，说明基金经理在帮助投资者提前锁定收益。但如果基金经理在牛市初期就选择多次分红，说明其已经完全错判市场，这相当于减少了投资者的本金，容易形成牛市中的踏空，会让投资者的获利程度大幅降低。

对投资者有利的分红方式是红利再投资，就是将应得的现金直接转为持有的基金份额。这么做的好处是额外获得的基金份额无须交纳申购费，无形之中可以降低投资的成本。

什么时候选择现金分红呢？当市场已接近顶部，基金定投已经停止时，就可以选择现金分红。在赎回基金份额的过程中，现金分红的优势会慢慢体现，一方面减少了基金的总资产，增加了现金收入，另一方面也避免了赎回费用的支出。

如果投资者没有指定分红方式，现金分红就是基金管理公司默认的收益分配方式，想要实施红利再投资时，投资者需要进行手动变更。

14.3.2 指数的估值

基金定投可以通俗地理解成"熊市买入、牛市卖出"，如此一来获利就是一个大概率事件。获利后的退出很重要，准确地判断牛市终结时机是退出的前提。

目前，市场上还没有任何一种理论或者方法敢宣称能够准确预测股市的顶部。不过历史经验表明，估值这类指标，对市场高点的判断还是能提供一些有意义的参考。下面向读者介绍两个和估值相关的指标，其中一个需要计算，另一个偏重经验的积累。

第 1 个指标是股指的收益率，即每股盈利除以每股价格。将指标数值与十年期国债收益率进行比较，就能看出其价值体现在哪里。如果指数收益率比十年期国债收益率高，资金会流向股市；反之，资金会流向债市。从历史数据看，如果股指收益率减去十年期国债收益率的差值很高，对应的往往是股指的低位；如果差值很低，对应的却是股指的高位，表明市场已经出现泡沫了。指标的计算不复杂，感兴趣的读者可自己计算，然后将结果与指数走势进行对比，如此能更好地理解这个指标。投资者也可以根据指标来设定自己离场的位置，如当指标离开历史低位 10% 以上时，可以进行逐步地减仓。当然，股指的收益率指标只能让投资者在一个相对高位卖出，而无法保证能在最高处退出。严格说来，这样的结果其实已经很不错了。

第 2 个指标是指数的市盈率，这也是市场上最常用的估值指标，其等于每股价格除以每股盈利，可衡量投资标的在当前价位下的贵贱与否。回顾 A 股历史，15 ~ 20 倍市盈率是一个正常的范围，如果超过 30 倍就是明显的高估。至于市盈率超过 50 倍的指数，说明股指已经处在极其危险的位置，泡沫可随时破灭。典型例子就是 2007 年的 6 124 点，当时的股指市盈率已经达到 70 倍左右，其后的走势投资者想必都知道，就是极为惨烈的下跌。市盈率过高固然意味着风险，但如果过低也要仔细甄别原因，有的时候确实是较差的基本面不被市场认同，因此，才给出较低的市盈率。不同的市场环境，市盈率没有比较的意义，投资者不能孤立地使用市盈率指标。操作中，投资者对定投止盈点的设定可以根据自身风险偏好来进行，如果风险偏好较低，市盈率可以设置得略微低一点；如果投资激进，可以把市盈率设置得高一点，总之符合自己的投资原则就好。

14.3.3　市场情绪指标

基金定投最遗憾的事情就是遭遇"过山车"。几年的坚持，在市场强弱转化的过程中也在低位拿到了足够的筹码，仅仅因为没有在合适的位置卖掉，导致收益并不理想，确实很让人懊恼。如何在唱多的市场中发现舞曲已经终结？除了前面提到的市盈率指标外，这里再向读者推荐另一个指标，就是市场情绪指标。

市场情绪指标，反映的是投资者群体在股市交易中集体表现出的悲观、犹豫、狂热等情绪。类似"市场在绝望中诞生，在质疑中展开，在犹豫中猛涨，在癫狂中崩盘"这样的股市谚语，市场情绪指标反映了市场情绪与指数行情间的关系。

怎样判断市场的情绪呢？下面几个指标可供参考。

第1个指标：市场人气指标。该指标在"Value500"（价值投资导航）网站上可以查到，这是一个很好的价值投资网站，感兴趣的读者可以自行查阅。

第2个指标：基金发行热度。统计发现，股票基金发行热度变化趋势与指数的走势较为相似，这表明该指标其实是一个先行指标。衡量基金发行热度的子指标有3个，分别是基金募集总额、募集的速度以及新发基金的个数。如果募集到的基金总份额较多，说明新发基金受到市场的欢迎，发行热度就比较高；如果过程中募集资金花费时间较少，说明大部分人都已经进场，市场已经很狂热了。如果读者觉得这个指标看起来比较麻烦，也可以跨过它直接看基金募集总额。

第3个指标：股市新增开户数，该指标在"Value500"（价值投资导航）网站上也可以查到，其理论依据就是中小投资者都愿意追涨，投资者可以通过开户数量的变化趋势来判断市场是否处在高处。

14.3.4 认识自己

可以肯定地说，基金定投是一个好的投资方法，但投资的终极问题却不是基金定投，而是正确地认识自己。选基金、看业绩、比优劣、了解基金经理，这些只是投资的手段，只有真正了解自己，才能做好投资。

有两件事是投资开始前就要做的：一是厘清自己的现金流，别让投资成为生活的负担；二是确认自己的风险偏好，看自己能否承受基金定投过程中出现的收益大幅波动的压力。投资其实就是在风险与收益间做平衡，如果收益恒定，那就降低自己的投资风险；如果风险恒定，那就确保自己的收益最大。投资者在投资前一定要多想风险而不是收益，还要思考未来出现亏损的概率有多大，可见能够清晰地认识自己是一件多么重要的事。

如何认识自己，还是要从风险偏好的角度出发，建议投资者在投资前对自己的投资心理有一个正确的把握。

对于风险偏好，普通的分类是保守、稳健、进取和激进几种，将之应用到基金定投上，就是将风险偏好与具体投资结合起来。

之所以将认识自己作为本章甚至本书的结尾，主要是想提醒各位投资者，在进行基金定投前一定要想清楚如何才能找到一条适合自己的投资之路。

基金定投是一个漫长的过程，投资者在这个过程中会遇到很多人性上的考验，包括熊市的绝望、牛市的贪婪，这些情绪每时每刻都在寻找机会，想在适当的时候给投资者的投资生涯致命一击。正确认识自己，在选对基金的基础上坚守操作的纪律是定投成功的关键所在。